才能を引き出す気づきの法則

BUSINESS × ATHLETE

アスリート人材の突破力

松本隆宏
Takahiro Matsumoto

マネジメント社

はじめに

私は2022年に、体育会系人材の潜在的スキルをビジネスに活かすための方法をまとめた『アスリート人材』（マネジメント社）を上梓しました。その発刊から2年。当時まだビジネスの世界ではあまり知られていなかった「アスリート人材」という概念が、少しずつ浸透しつつあることを感じています。

それまで、体育会系人材の有用性を説いた本はほとんど出ておらず、彼ら彼女らの素晴らしいポテンシャルにスポットが当たることは少なかったように思います。

これは、『アスリート人材』のなかでも繰り返しお伝えしたメッセージでもありますが、私は、**元アスリートほど大きな可能性を秘めた人材はいない**と考えています。

彼ら彼女らがスポーツをしていたときを超える情熱を持ち、その能力を存分に発揮できたなら、ビジネスの世界でも目覚ましい成果を上げることができると信じています。

しかしながら、**多くのアスリート人材がその真価を十分に発揮できていない**のが現状です。私はこれまで多くのアスリート人材に出会ってきたなかでその現実を突きつけられ、残念な気持ちになることも少なくありません。

せっかく素晴らしいスキルを持っていても、それが埋もれたままになっているのなら宝の持ち腐れです。

前著『アスリート人材』を出版後、この2年間で多くの反響をいただきました。驚いたのは、アスリート人材本人はもとより、教育関係者やスポーツ指導者、社会人スポーツに携わる方々や企業のマネジメント層など、じつに多方面の方々から多くの声が寄せられたことです。

そのなかには、アスリート人材のセカンドキャリアに関する悩みや相談も多く、それをきっかけに、現在は、アスリート人材をテーマにした講演をさせていただく機会も増えています。

こうして教育者や指導者、企業のマネジメント層の方々との直接の関わりが増え、「現場の声」を伺う機会も重なるなかで、私が身に染みて感じたこと――それは、**アスリート人材を取りまく環境にもさまざまな課題がある**ということでした。

そこで、アスリート本人はもちろんのこと、アスリート人材に関わる方々にとってさらに役立つ本を届けたい。そして、アスリート人材の有用性を広く伝えたい。そのような思いから、前著『アスリート人材』の改訂版としてこの本を書こうと決めました。

本書では新たに、**企業がアスリート人材のポテンシャルを引き出すための方法について考察**しました。また、**社を挙げてアスリート人材のキャリア開発に取り組む企業の事例を紹介し、現場の声や具体的な取り組みを共有した内容**になっています。

アスリート人材がビジネスで求められる理由

世界経済フォーラムが２０２０年に発表した「**2025年にビジネスパーソンに求められるスキル**」では、以下の15個の能力が挙げられています（重要度順）。

①分析的思考と革新
②アクティブラーニングと戦略的学習（リスキリング）
③複雑な問題の解決能力
④論理的思考と分析力
⑤クリエイティビティ（創造性）
⑥リーダーシップと社会的影響力
⑦テクノロジーの使用・監視・制御
⑧テクノロジーの設計とプログラミング
⑨柔軟な判断力
⑩推論・問題解決

⑪感情的知性
⑫トラブルシューティングとユーザーエクスペリエンス
⑬サービス志向（ホスピタリティ）
⑭システム分析と評価
⑮説得力と交渉力（仲間との一体感をつくる能力）

このうち、上位6つのスキルと、9～11位、13位、15位の合計11のスキルは、**アスリートが競技生活を通じて培ってきた能力と完全に一致する**と思います。

過去8000人の体育会学生のキャリア支援を行ってきた竹田好洋さん（株式会社クリアソン取締役CSO）も、**「彼らは組織の変化に対応できる力を持っている」**と述べています。

アスリートは、チームでのポジションの変化や、進級時の学生の入れ替わりによる役割の変化を何度も経験しています。そのため、「組織内での自分の役割」を考えることが習慣になっており、柔軟に対応する力が鍛えられているのでしょう。

アスリート人材が過去のスポーツ経験を通じて習得した多くの能力は、**さまざまなビジネスシーンで求められるスキルに通じる**ものであり、おおいに活かせるものなのです。

「セルフマネジメント」が未来を創る

アスリートが持つさまざまなスキルのなかでも、その卓越したセルフマネジメント能力は、アスリートの特筆すべきスキルです。

プロ、アマに関係なく、スポーツでは心身のメンテナンスをはじめとするあらゆる自己管理が求められるため、アスリートであればみなが当たり前に行っていることです。

アスリートが引退後、より豊かな人生を送るうえで最も大切になるのが、この**「セルフマネジメントスキル」**であると私は考えます。

私たちはそれぞれに、**自分に与えられた人生の「良き管理者」として、日々「いかに生きるか」が問われている**と思うからです。

仕事で成果を上げることも、良い人間関係を築くことも、**「人生のマネジメント」**の一部です。スポーツも仕事も、人生という大きなスパンで見れば地続きであり、アスリートは引退後、「これからの人生をどう生きるか」を問われているに過ぎません。

誰もがたった一度の人生を送りながら、自分の人生を創造し、舵を取る――それはすなわち、「セルフマネジメント」そのものであると思うのです。

ですから、元アスリートのみなさんにはぜひ、**スポーツを通じて身につけたセルフマネジメントスキルを「人生のマネジメント」という観点で捉え直してもらいたい**と思います。

ビジネスにおいても、かつての現役時代を超えるほどの情熱をそそぎ夢中になる秘訣は、ここにあると思います。

スポーツは「社会に出るためのウォーミングアップ」

ここで自己紹介をさせてください。

私は、小学生のときに剣道と野球に打ち込み、中学から大学までは野球一筋で過ごしました。スポーツ一色の少年時代を送ってきた「アスリート人材」の一人です。

幸運にも、高校時代は日大三高（日本大学第三高等学校）の中心選手として甲子園出場を果たすことができました。その実績を買われ、東京六大学野球の名門、法政大学野球部に進んだものの、膝や腰の怪我に見舞われ思うような成績を残すことができませんでした。

それまでの栄光を打ち消すほどの挫折を経験しましたが、この経験こそが私自身の心を強くし、人として大きく成長させてくれたのだと思っています。

大学を卒業する頃には、野球を続ける道を断念し一般企業で働く覚悟を決めました。

その後は、住宅メーカーの営業などを経て、30代前半で独立・起業。現在は「地主の参謀」として顧客の資産を守るためのコンサルティング業に従事しています。

こうして振り返ると、**過去のスポーツ経験がその後の人生におおいに役立ってきた**と感じます。辛いときに心の支えになっただけではなく、さまざまなビジネスシーンで「これは野球や剣道でやってきたことと同じだ」と気づくことが多かったのです。

たとえば、商談のとき、顧客のニーズに合わせて柔軟に対応し最適な提案を行います。これはまさに野球の配球パターンを読む「**戦略的思考**」が活かされたものでした。

また、相手の表情の変化など、非言語の部分に表れたサインを一瞬たりとも見逃さない「**観察眼**」は、思えば、10代の頃に剣道で習得したスキルでした。

10歳程度の子どもが数年経験したレベルであっても、相手の目の動きをもとに次の展開を瞬時に予測する。そうやって技を仕掛け合うのが剣道という競技です。

選手たちは磨き上げたスキルを当然のように使いますが、**スポーツを離れた世界から見ると、それがいかに類まれな能力であるかに気づきます。**

一心不乱にスポーツに打ち込んできた経験は、決して無駄になることはありません。そればかりか、**他の人にはない強み**となり、**大きなアドバンテージ**となります。

スポーツに育てられ、スポーツに携わってきた者として、アスリート人材が社会でも幅広く活躍すること。これほど喜ばしいことはありません。

本書をきっかけに、一人でも多くのアスリート人材が自身の持つ素晴らしいスキルに気づき、その真価を発揮することを心から願います。

そして、彼ら彼女らに秘められた力をいかに引き出し、活かすのか。それこそが、企業の明るい未来を創ると信じています。

contents

第2章 アスリート人材の真価

第5章 アスリート人材の「品格」

第1章

アスリート人材とは何か？

POINT

本章では、アスリート人材を定義したうえで、
過去に部活動などでスポーツ経験のある「アスリート人材」について、
その現状を外観していきます。
彼ら彼女らがどのような状況にあるのかを知ることで、
既存の問題を共有します。

アスリート人材の定義

最初に質問です。

あなたは、「体育会系」という言葉を聞いて、何を想像するでしょうか？

「厳しい上下関係がある」「指導者や先輩の命令には絶対に従わなければならない」などというイメージを持っている人も多いかと思います。事実、体育会系にはそのようなイメージがともないがちです。

たとえば、２０１８年に某大学のアメリカンフットボールの定期戦で起こったタックル問題は象徴的です。試合中、相手チームのクォーターバックに対して悪質なタックルを行い、相手選手を負傷させた一件です。

後に行われた記者会見で、この行為はコーチからの指示であったことが本人の証言で明らかになりました。監督・コーチ側は、「怪我を目的とした指示ではない」と釈明しましたが、指示に従わなければ実践練習から外されるなど、過剰なプレッシャーがかけられていたことがわかりました。

確かに、体育会には、昭和の時代から「しごき」と称した下級生いじめや、まったく道理の通らない指導者や先輩からの理不尽な命令がありました。理解不能なルールを踏襲し、前時代的な上下関係があったのは事実です。

もっとも、令和の時代にはそういった悪しき慣例は激減していると思いますが、いまだに体育会系にそのようなイメージを持っている人は少なくないでしょう。

一方で、会社という場所ではどうでしょうか。

2020年2月18日、ビジネスパーソン向け情報サイト「ダイヤモンドオンライン」に、入社1年目のAさんの体験談がアップされました。その記事によると、ある戦略会議に参加したAさんは、体育会系出身の上司が出した企画に対し、ある質問をしたそうです。

すると、返ってきたのは「おれの提案に何か問題でもあるのか！」という威圧的な言葉。上長には絶対服従、異論を挟むことさえ許されない雰囲気だったそうです。

この例は極端かもしれませんが、世の中が体育会系に対して注目するのは、良いことよりもこのようなスキャンダラスな側面になりがちです。しかし、物事には良い面と悪い面があるということを忘れてはなりません。

一心不乱に何かに打ち込んだエネルギーは、必ず会社の仕事でも活かすことができるというのが、私の考えです。

体育会系の部活動やスポーツクラブは、社会の縮図といえます。上下関係や同期との横のつながり、あるいは地域とのつながりを通して、さまざまな人間関係を学びます。

また、目標に向かって一心不乱に努力を重ね邁進することは、必ず後の人生に活きる大きな力となるはずです。

体育会系人材ほど、会社で活躍できる可能性を秘めた人材はいません。

スポーツは肉体のパワーだけでは絶対に勝てません。計画や戦略・戦術などゴールから逆算して考える力が必要になります。

それらは監督やコーチに言われたことをただ単に覚え、その通りに動く力ではありません。監督やコーチが指導したこと、経験したことを、ときに批判的に捉えながら**「自ら思考し考え動く力」**です。

すなわち、**ビジネスでも必要とされるＰＤＣＡ（Plan＝計画、Do＝行動、Check＝確認、Action＝改善）そのもの**なのです。

そこで本書では、**「体育会系人材」のことを、敬意を込めて「アスリート人材」**と呼ぶことにします。

アスリートという言葉が日本で一般的になったのは、２０００年頃だそうです。

ただしこの言葉は、プロスポーツ選手などトップアスリートを指すことが多く、スポーツに打ち込んでいる一般の人は、自分のことをアスリートだとは思っていないはずです。

「プロ」といわれる人たちはほんの一握りの存在で、90％以上の人はプロではない、一般の人たちです。

しかし、プロではないからといって、先に述べたスキルが身についていないかというと、まったくそんなことはありません。

夢中になって何かに打ち込んだ経験から学んだこと、身についた力は、数えきれないほどあります。

アスリートとは、ラテン語で**「賞を狙って競う人」**を意味しています。つまり、**レベルを問わず、スポーツで勝ちたい、タイムを縮めたいと、本気でスポーツに取り組んでいる人はすべてアスリートに含まれます。**

さらにいうならば、野球選手だけではなく、野球場の外野席で熱い応援を送る吹奏楽団やチアリーダーの人たちもまた、アスリートといえるでしょう。

スポーツに限らず、何かの大会に向けて練習に励んだり賞を目指したりして日々、本気で頑張ってきた人はみな、アスリートだからです。

本書では「アスリート人材」をそのように定義し、彼ら彼女らが持つ素晴らしいスキルと潜在的な可能性に光を当てていきます。

スポーツを例に取り上げている箇所が多いですが、ぜひ自身が夢中になって取り組んできた活動に置き換えて、読み進めていただければ幸いです。

「自分の才能に気づいていない」という悲劇

いわゆる「体育会系」と呼ばれてきたアスリート人材は、社会人として求められるさまざまなスキルがすでに備わっており、非常に高いポテンシャルを持つ存在です。彼ら彼女らが持つスキルは体力だけではなく、目標達成能力や問題解決能力など、じつに多岐にわたります。

しかし私には、**多くのアスリート人材が自分の能力を正しく評価できていない**ように感じるのです。

この自己評価の低さは、**彼ら彼女らが過去にスポーツで培ったスキルを社会人になってから十分に活かせておらず、そのために苦労することが多いから**だと思います。

人間は誰しも自分を基準に物事を考えてしまいがちです。

そのため、アスリート人材は、スポーツ経験を通じて学んだ多くのことを「スポーツしかしてこなかった」と狭く捉えてしまうのではないでしょうか。

この認識が、培ったスキルの応用をさらに難しくさせているのだと思います。

一部の企業はアスリート人材を高く評価していますが、まだまだ多くはないのが現状です。彼ら彼女らを正しく評価する社会になっていくべきだと考えますが、それと同時に重要なのは、**本人が自分の能力をきちんと理解し、応用できるようになること**です。

厳しいスポーツの世界を経験し、困難を乗り越えてきた人は、社会に出てからも必ず活躍できます。まずは自分を信じて、**スポーツをしてきたときを超える情熱を持ち、夢中になって取り組めば、どんな業種や職種でも結果を出せるはず**です。

アスリート人材が仕事でも優れた結果を出し続けることで、社会からの評価も変わるでしょう。その結果として、引退後の就職活動も変わってくるのではないかと思います。

そのような基盤をつくるためにも、アスリート人材にはもっと活躍してもらいたい。そう強く願います。

「プロになれなかった」「スポーツを続けられなかった」などと過去を悲観的に考える必要はありません。

むしろ、**過去のスポーツ経験で学んだことや身につけたスキルを社会人として活かし、他の人にはできないような仕事をすること。それが、アスリート人材が持つ、他の人にはない強み**でもあるのです。

私の高校・大学時代の先輩や後輩にも、プロ野球界へ進んだ方々が多くいます。そのうちの一人の後輩は、引退後にスカウトとして活躍していましたが、20代のときに自らの意志で野球界を離れ、外資系保険会社の営業パーソンに転身しました。その後は、ライフプランナーとして活躍。早々に所長となり、採用と教育に携わる立場へと駆け上がって、現在は支社長として活躍しています。

思い返せば、彼の発想力や行動力（突破力）は入社当時から群を抜いていました。

あるとき、そんな彼から人事面のアドバイスを求められたことがありました。

そこで私は彼に「アスリート人材を集めたらどうか」と提案しました。

その後の対応が早かった。セルフマネジメントスキルや目標達成スキル、追求心をはじめ、高い能力を持つ多くの人材を採用できたそうです。

やはり、アスリート人材は優秀なのです。


元アスリートほど可能性を秘めた人材はいない——私は、そう表現しても過言ではないと考えています。


彼ら彼女らは過去に、それだけの努力と苦労を重ねてきたのです。自信を持って、まずは**自らの能力を理解するところから出発**してください。

勇気と情熱を持って前に進んでいけば、社会人としても必ず結果を残すことができます。それがアスリート人材のポテンシャルなのです。

自己紹介は「体力だけが取り柄です」

松田奈緒子さんの漫画『重版出来！』（小学館）は、後にテレビドラマ化されたことで広く話題になりました。ご存じの方も多いかもしれません。

この作品の主人公「黒沢 心」は、元柔道のオリンピック強化選手でしたが、怪我をきっかけに柔道の道をあきらめ、出版社の新人編集者として入社します。

柔道では練習や試合中に耳を畳にこすりつけるため、耳が潰れて「餃子耳」になってしまうことがあります。心もその「餃子耳」の持ち主で、見た目にインパクトがありました。また、入社面接で社長を一本背負いにした経緯があったことから、編集部のメンバーに「こぐま」というあだ名をつけられてしまいます。

それでも彼女は、アスリート人材ならではの快活さとエネルギーを持ち、前向きに、ひたむきに挑戦し続けます。

そのバイタリティは次第に周囲を巻き込み、社内の人間や書店員を次々と彼女のファンにしていきます。その後、心は新人漫画家を発掘し、ヒット作を生み出すようになっていくのです。

多くの職場で元スポーツ選手が偏見の目で見られるケースは少なくありません。頭脳で勝負するよりも、体力で勝負する「根性人間」という認識が強いからです。しかも、この風潮を助長しているのは本人の言動です。たとえば、上司が「体育会系の人間だから」と紹介すると、本人も「体力だけが取り柄です」と言ってしまう。

これこそ日本社会にはびこってきた、**誤った体育会系人材の姿**かと思います。

本来、注目すべきは体力だけではありません。スポーツを通じて培ってきた強みや能力に、本人が気づいていないのです。

日々努力を重ねてきた経験は、大きな財産になるはずです。社会人として活躍するためには努力と成長が不可欠であり、それには過去の経験が重要になります。厳しい環境でも努力し続けられる下地があるかどうかが、その後の人生を左右するのです。それだけでも、アスリート人材の可能性は非常に大きいといえます。

私自身もアスリート時代に多くのことを学びました。その一つに「継続することの大切さ」があります。

現在、私は事業の一環として情報誌の発行を手がけています。情報誌の制作を続け、定期的に顧客に発送することは簡単ではなく、毎度、多大な労力がかかっています。

それでも継続してきたからこそ、多くの方からお問い合わせをいただくようになり、お客様の信頼を得られるようになったのだと思います。

もし途中でやめていたら、このような成果は出ず、自分の成長にもつながっていないでしょう。

「体力の限界」と涙ながらに引退会見を行った元横綱・千代の富士関（故人）は、

「私自身が最も誇れるのは横綱になったことでも、31回の優勝でもない。相撲という一つのことに完全燃焼したことです」と語っています。

歴代3位となる31回の優勝を誇る大横綱でさえも、数々の記録や称号より、相撲道を歩み続けられたことが誇りだというのです。

アスリート人材の本質は**「成長人間」**であることです。過去を振り返ってみると、さまざまな鍛錬を経て、そのたびに成長してきたはずです。

重要なのは、**これまでの努力や成長の過程で得たこと、目標に向かって邁進する姿勢を通して学んだことが、社会人になってからいかに役立つかを知る**ことです。

そして、スポーツ経験は知識だけでなく知性、つまり**「考える力」**を培ってきたということを思い出してください。それに気づくことが、自らのポテンシャルを発揮するための第一歩となります。

アスリート人材のセカンドキャリアにおける悩み

２０２４年の春、私のもとに突然、一通のメールが届きました。

「これまでずっと、私が弊社野球部の選手たちに伝えたいと思っていたことがそのままこの本に書かれていて、衝撃と感動を覚えました（大袈裟ではありませんよ）」

そこには、本書の前身となる『アスリート人材』を読んだ冒頭の感想に併せて、この本がきっかけとなり、その方の所属する企業でアスリート人材のセカンドキャリア開発が始動するという報告が綴られていました。

書籍に込めたアスリート人材への思いとメッセージが、こうして必要な人のもとに届いたこと。そして、あのときまいた小さな種がこのように確かな形となって芽吹き、これから花開いていく未来に思いを馳せると、無上の喜びが込み上げてきました。

スポーツに育てられ、スポーツに携わってきた者として、若いアスリートたちが社会に出て幅広く活躍すること。これほどうれしいことはありません。

舞台は、愛知県に本社を置く株式会社東海理化。自動車部品の製造をおもな事業とする会社です。そこで社会人硬式野球部の部長を務める久能正人さんという方がメールの送り主でした。

聞くに、同社のなかでもアスリート人材のセカンドキャリア支援に積極的な「ダイバーシティ推進部」と協力し、先に述べた取り組みがスタートしたとのことでした。

一部の企業はアスリート人材を高く評価していますが、数としてまだ多くはありません。そのなかで、実際にアスリート人材のキャリア支援を行っている企業は、全国でも少数派というのが現状です。

それをふまえると、**東海理化の取り組みは非常に先進的であり、また、アスリート人材に携わる者としても大変勇気づけられるもの**です。

同社の具体的な取り組みについては第2章で詳しく紹介しますが、ここでは久能氏から伺った**「現役で活躍する野球部の選手たちが抱える悩み」**について、課題意識を持ってみなさんに共有したいと思います。

２０２３年、野球部の部長に就任した久能氏は、就任以来、引退を控えた選手との面談を行っています。

面談を重ねるなかで、選手たちに共通するある悩みがあることに気づいたそうです。

久能氏はそれを、**選手たちのセカンドキャリアにおける課題**として次のように述べています。

「選手たちが必ず言うのが『自分は野球しかやってこなかったから……』という言葉です。確かに、仕事よりも野球に割いていた時間のほうが圧倒的に長いので、『仕事が全然わからない』と不安になる気持ちは十分理解できます。

しかし彼らは、自分たちが『野球をやっていた強み』については思い至らないようなのです。**野球経験を前向きに捉えられていないという選手たちの課題**が浮き彫りになりました」

野球部の選手たちは午前中に社業を行い、午後は練習場に向かいます。定時で8時間働く他の社員と比べれば半日分の仕事量。

シーズン中は試合などの予定が入るため、練習や試合が彼らの活動のメインになります。なかには丸一日出社しない日もあるそうです。

ところが、引退するとそれが一変。他の社員と同じく朝から出社し、毎日8時間勤務に切り替わります。

「たとえば、30歳で野球部を引退すれば仕事のキャリアのスタートは30歳。周りの社員はその頃にはある程度キャリアを築いているので、その差にみな不安になるのだと思います。

もちろん、多少なりとも社業をやってきたので、彼らはまったくのゼロスタートではありません。しかしそうはいっても、**『仕事を一から覚えていかなければならない』『他の社員よりも後れをとっている』という意識が強く働き、なかなか自信を持てない**のだと思います」と、久能氏は続けます。

このように、引退後のセカンドキャリアを目前にすると、長くスポーツに打ち込んできた経験を引け目に感じてしまいがちです。

確かに、仕事の経験値が少ないのは仕方のないことでしょう。しかし、「**それに取って代わるだけの貴重な経験をしてきた**」という見方もできます。

アスリート人材には、他の人にはない経験と強みがあるはずです。実際に、スポーツ経験を通じて選手たちは仕事でも活かせる多くのスキルを身につけているのです。

もちろん、いい加減に取り組んでいたら身になるものは何もありませんし、アピールできる強みにもなりません。スポーツと仕事はまったく同じではないので、引退して仕事に就けば、それなりの努力は必要になるでしょう。

しかし、本気でスポーツに取り組んできたならば、その経験は決して無駄にはなりません。

「野球部の選手たちは、**本当はスキルが高いのに自分自身がそれに気づいていない**」と久能氏は強調します。

野球はチームプレー。勝つために足りない部分や弱い部分があれば、メンバーみなでカバーし合います。日頃から一人ひとりが自分にできることを考え、練習に取り組みます。

「野球部員は礼節がしっかり身についているうえ、人当たりもよく、他部署の人間から非常に高い評価を受けている」と添えられた久能氏の言葉を受けて、**私はアスリート人材の内に眠る大きな可能性を感じずにはいられません。**

しかしながら、依然として本人がそれを自覚していないという悲しい現実があります。

アスリート自身が自分の優れたスキルに気づくためには、本書をお役立ていただきたいのはもちろんですが、**指導者や関係者、企業の組織単位の取り組みなど、周りのサポートも必要になる**といえそうです。

「何ができるのかわからない」は当たり前

部活動など、過去のスポーツ経験は決して無駄にはなりません。本書では、そのことをさまざまな角度から述べていくのですが、アスリート人材のうち、とくに若い人ほど、自信が持てない傾向にあるようです。

私自身も、ひたすら野球に打ち込んできた学生時代を経て社会人になったときは、大きな戸惑いがありました。

腰の怪我をしていたため肉体的な辛さもあったのですが、身体の痛みと同じくらいしんどかったのは、「自分に何ができるのかわからない」という将来への漠然とした不安があったからでした。

当時の私は、人と触れ合うことくらいしかできないと思っていました。

知恵をしぼっていろいろと考えた結果、「人間にとって大事なのは『衣食住』であり、誰もがそれに関心があるはずだ」と考え、就職先を選ぶことにしました。そのなかで最も興味があった家づくり関連の仕事に選択肢をしぼり、恩師のご縁もあって、小さな建築会社に就職しました。それがキャリアのスタートです。

しかし、ほどなくしてその会社が倒産寸前に。退職を余儀なくされ、その後はマンション販売会社に移りました。

転職先でもかなり苦しみました。なかなか業績が上がらず、仕事が嫌で仕方ありませんでした。

その後、25歳で住友林業という木材建材や住宅事業などを営む大手企業に転職。そこでも、「今度こそ！」という思いとは裏腹に苦しみ、もがきながら仕事を続ける日々を送りました。

ようやく、仕事のコツをつかめると徐々に成果が表れるようになり、個人の営業成績が上がっていきました。このときの頑張りが後の起業へとつながります。

このような私の経験からみなさんにお伝えしたかったことは、**最初は誰もが「何ができるのかわからない」「何をすればいいのかわからない」と感じている**ということです。

社会人という未経験の地にこれから足を踏み入れようとするのですから、先の見通しがつかないのは当然といえば当然です。それまでスポーツや部活動に専念してきたアスリートであれば、なおさらでしょう。

何かを必死に追い求めながら他のことも考えるのは、簡単なことではありません。「自分に何ができるのか見当がつかない」という状態になるほど、競技に全身全霊で打ち込んできた証拠ではないでしょうか。

人生の一定期間、競技に没頭してきた経験は、それ自体が貴重なものです。競技を終えた時点では、「自分に何ができるのかわからない」となるかもしれませんが、それは当たり前のことです。

もちろん、現役中からセカンドキャリアを考えることができたらベストですし、スムーズに好きな仕事に出合えたなら、それは幸運なことでしょう。

しかし多くの場合、そう簡単に自分に合った仕事が見つかるわけではありません。

重要なのは、**迷いながらでも「こんな人生にしたい」と自分の願望を確認してみたり、「あの人みたいになりたい」というモデルを見つけたりして、模索しながら前へ進んでいくこと**です。

そして、まずは**身を置いた場所で「何か」を得る努力をしてみることが大切**です。その努力が、後の人生を大きく変えるのです。

「スポーツばかりしてきた」という劣等感

これまでスポーツに打ち込んできた人のなかには、「あまり勉強をしてこなかった」と思っている人も多いことでしょう。

家庭での教育で典型的なものに、親が子どもに**「野球ばかりしていないで、もっと勉強しなさい！」**と叱るシーンがあると思います。サッカー少年だった人は「野球」を「サッカー」に置き換えた言葉を、何度も言われてきたかもしれません。

その言葉の裏には、野球やサッカーなどのスポーツよりも、勉強のほうが将来役に立つという認識があるのだと思います。

スポーツに打ち込んでいる子どもたちは、周囲の大人からこのような言葉をかけられて育っていることも少なくありません。そのため、アスリート人材は**「スポーツばかりしてきた」という劣等感を持ちやすく、それがアスリート人材の自信のなさにつながっている**のだと推察します。

さらにその動きが社会全体に見られる**「体育会系」への誤解を助長**しているように思えてなりません。

残念ながら、現状の日本社会では、いまだに学歴や勉強の出来不出来ばかりが注目されやすいようです。それが採用時の選考基準になっているだけではなく、社会人としての評価にも影響を与えているという事実があります。

しかし、**「勉強ができる＝仕事もできる」とは限りません。**

確かに、学生のうちは学業に励んだり、テストの成績を上げるために必死に努力したりすることは大切ですが、それだけで人生が決まるわけではありません。基礎体力や精神的な強さ、仲間とのつながりなど、さまざまな事柄が将来に影響してきます。

スポーツ経験は、人間として成長し、よき大人になる訓練としてもおおいに役立ちます。将来プロの選手になることだけに意味があるのではなく、スポーツを通じて得られるスキルや経験が将来に寄与する部分は決して小さくありません。

ところが、先に述べた通り、**教育とスポーツを正しく結びつけて理解していないと、「野球よりも勉強」という考え方に陥ってしまいます。**

また、学力偏重など、学校の勉強ばかりに重きを置く風潮も、**スポーツに対する無理解**が根底にあると思われます。

ここで改めて考えてみたいと思います。

「スポーツばかりで勉強をしてこなかったから仕事ができない」とは、本当でしょうか？

私はそうは思いません。

学校の勉強は覚えることが中心で、教わったことを覚えるだけで良い成績をとることができました。学校ではそういう人が「頭の良い人」「賢い人」という評価をされます。

しかし、社会に出てからはまったく違います。**「覚える力」よりも「考える力」のほうが重要**になります。

覚えることばかりに注力していたら、臨機応変な対応や状況に合わせた意思決定ができず、柔軟な行動が取れません。それでは、仕事の成果に結びつかないでしょう。

とくに、現代のように、テクノロジーが高度に発展した時代においては、覚えることよりも考えることが求められます。

物事の記憶や記録はコンピューターにまかせてしまえばいい。それよりも、**知識や情報をどう活用するのかが重要になる**のです。

そのためには、自分の頭で考える力が必要です。**記憶する能力と考える能力は別物**だということを理解してください。そしてその**「考える力」というのは、社会人になってからでも身につけることができ、いくらでも伸ばすことができます。**

図1 「記憶する力」と「考える力」は別物である

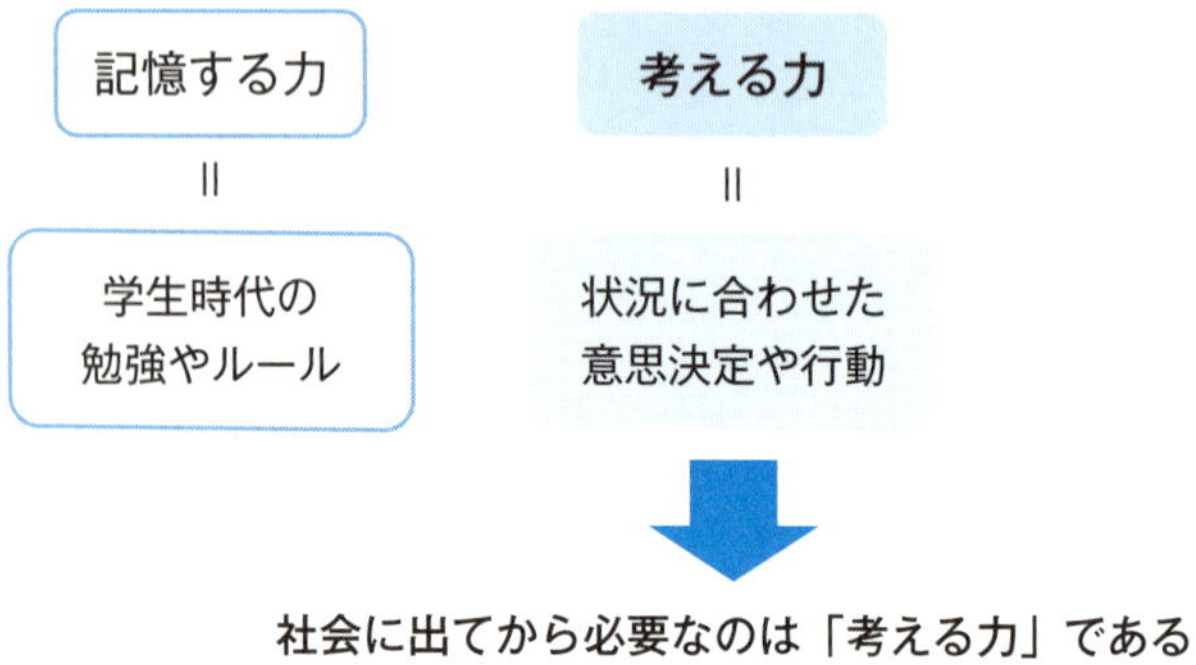

私自身、学生時代は野球一色で勉強は不得意でした。しかし、今こうして書籍を執筆し、会社を起こして経営者となり、僭越ながら多くのお客様から日々、感謝の言葉をいただいています。

そのことが何より、勉強やテストの成績がすべてではないことを証明しているのではないでしょうか。

指導現場で抜けがちな「人材育成」という視点

アスリート人材が自分の能力を正しく把握していなかったり、あるいは社会に出てから十分に活躍できなかったりする原因は、本人だけにあるのではありません。

問題の根底には、監督やコーチなど、現場における指導者の存在が大きく影響していると思います。

スポーツ経験は、単なる「運動」としてのみ捉えられるべきものではありません。運動能力の向上だけではなく、**礼儀作法や基礎的な人間力なども含めて、多岐にわたる能力を養う機会**でもあります。

こうした理由から、**スポーツ活動は「人材育成」として位置づけられるべきも**

のです。

本来、これらの要素を選手に教え、育てるのが監督やコーチの役割です。ところが、実際には現場の指導者がそうした認識を持っておらず、選手を試合に勝つための「駒」として扱うケースも少なくありません。

このような状況では、**アスリート人材が自分自身を正しく評価することが難しくなり、自分自身を肯定することも困難**になるでしょう。

その結果、社会に出てから「体育会系」というレッテルを貼られ、自他ともに体力だけが強みであると勘違いしてしまうのです。そのような状況は、個人にとっても、ひいては社会にとっても、望ましいものではありません。

大切なのは、**選手一人ひとりが自らの能力を客観視できるよう、指導者が彼ら彼女らを将来的な視点から教育すること**です。

スポーツには、グッドルーザー（良き敗者）のあり方や問題解決手法など、勝つことだけではない多くの学びがつまっています。それらはすべて社会に出てからも役に立つものです。

私自身の経験からも、良き指導者の存在がいかにその後の人生に大きな影響を与えるかを痛感しています。私にとっては、野球指導者として有名な山中正竹監督との出会いが非常に大きいと思います。

ご存じの方も多いと思いますが、山中監督は現役時代に投手として活躍され、法政大学所属時は東京六大学野球で通算48勝を記録。この記録は半世紀以上経った今でも破られていません。

さらにその後は、バルセロナオリンピックや国内大会などで優れた成績を残されています。

そのような方から指導を受けられたことは、私にとってまさに幸運でした。山中監督は「主役は監督ではなく君たち選手だ！」「プレッシャーを楽しめ、プレッシャーのない人生など楽しくない！」といった力強い言葉でいつも私たちを鼓舞してくれました。それらの教えは今も私のなかに深く根づいています。

大学卒業後に参加した山中監督の講演会では「指導者はもっと学び、言葉を磨くべきである」と強く語られていました。

スポーツ選手は指導者の言葉によって学び、成長します。そのため、**指導者がどのような思想を持ち、どのような言葉を使うかが、選手の人格形成に大きな影響を及ぼします。**

純粋な若者が良い指導者のもとで育っていくと、自分の能力やポテンシャルを肯定できるようになり、前向きにチャレンジし続けることができるでしょう。

指導者の役割は単に試合に勝つための技術を教えるだけではなく、**選手一人ひとりが社会に出てからも活躍できるように育成すること**にあります。

スポーツの指導者は**「人材育成」の視点**を持つことが重要なのです。

過去を引きずらず、未来を見つめることが大切

どんなに素晴らしい才能をもったアスリートにも引退の時期はやってきます。

長年一つのことに打ち込み、人生の一定期間をスポーツにささげてきたアスリートにとって、「次のステージ」を見つけることは大変です。

次なるステージで活躍するためには、過去のスポーツ経験から得た学びやスキルをどのように捉え、そしてどのように今後の活動に活かしていくのかが肝になります。

他の人にはない貴重な経験を自信や強みにできれば、大きなアドバンテージとなるでしょう。

ところが、過去の経験を引きずり、逆に足かせになってしまうケースも見られます。ここでは、そのなかでもよくある三つのパターンについて、みなさんに共有できればと思います。

一つめは、過去の成功体験が邪魔になるケースです。

ある程度の成績を残したアスリートには、必ず成功体験があります。しかし、その体験を必要以上に大きなものと捉えてしまい、ビジネスの世界に移ったときに**プライドが邪魔をして謙遜さを失ってしまう**ことがあります。

成功体験自体は非常に素晴らしいものです。しかし、ビジネスの世界にそのまま持っていけるわけではありません。

「野球の世界で活躍していました」「テニスの世界では実力者でした」というのは、他のところに行ったら、関係がありません。厳しいようですが、これが現実なのです。

スポーツの世界で活躍してきた人ほど、仕事でプライドが踏みにじられることがあるかもしれません。しかし、**ユニフォームを脱いでプライドを横に置いてからが、本当の勝負**だと思います。

二つめは、切り替えがうまくできないという場合です。

たとえば、**引退後に新たな目標が見つからない、次のステージへ行く覚悟が持てない**などが挙げられます。人によってさまざまな事情や理由が背景にあると思いますが、多くの人が**なかなか「本気スイッチ」が入らないという状態に陥ってしまう**ようです。

一つのことに打ち込んできた時間というのは、それだけ、人生にとってかけがえのないものです。引退してそこから離れるときに、人によっては大きな喪失感を覚えることもあるでしょう。

新たなステージに一歩踏み出すとき、心情の面で切り替えがうまくできない人も少なくないのが現状です。

最後は、**「かつてと同じような燃えたぎる情熱をそそぐ対象が見つかない」**というパターンです。

一心不乱にスポーツに打ち込んだ経験は本当に素晴らしいものです。必ずしもすべての人がそうした経験を持っているわけではなく、それは紛れもない人生の貴重な宝です。

しかしながら、過去に心血をそそぐ体験をしてきたために、それに代わるものを探し求めることが多くなります。そのこと自体は悪いことではありませんが、長い間見つけられないでいるうちに、**かつて燃え盛っていた心の炎までもが消えかかっている人もいます。**

実際に、「野球ほど熱中できるものがない」「サッカーをやっているときのように燃えられない」と嘆く人たちをたくさん見てきました。

確かに、引退してすぐに自分に合った仕事に就けるとは限りません。

アスリート人材のなかには、先輩が働いている会社や信頼できる人の紹介を通して会社選びをする人も多いと思います。それでも自分に合った仕事に巡り合えれば幸運で、確率としては決して高くはありません。

じつは私自身も、情熱を失いかけた過去がありました。

10代前半から打ち込んできた野球をやめる決断をしたものの、自分にどんな能力があるのか、どのような仕事に適性があるのかがわからず、社会人になってからの数年間は悩み、もがきました。

過酷な練習の日々に、厳しい上下関係。そんな当時の環境から抜け出した解放感もあり、流されるままに惰性で生きていた時期もあります。

そんなある日、**「あのとき（甲子園に出場した頃）ほど夢中になれない自分が嫌ではないのか？」**と、もう一人の自分に問われた気がしました。

ドキッとしたあの瞬間は、今でも忘れることができません。

それ以来、自分を欺きたくない一心で、**「過去の自分が憧れる自分になろう」**と思うようになりました。この思いは今でも私の根っこにあります。

「仕事でもプロフェッショナルになろう」――私は、そう心に決めたのです。

仕事のマッチングも大切ですが、それと同等、いやそれ以上に、**マインドセットが大事**なのではないかと思います。

何をするかよりも、**「どうあるか」「どんな自分でありたいか」**が、その後のキャリアを築き、人生を切り開くうえで最も重要な鍵になると思うのです。

スポーツの世界からビジネスの世界へ。たとえ身を置く場所が変わったとしても、そこで**「どんな自分でありたいか」は自分自身が決めること、選択できること**です。

その思いへのこだわりが、苦しいときの踏ん張る力となり、やがて**スポーツをやっていた頃を超える情熱に昇華する**のだと私は思います。

やり切る強さを持っている人が多いのが、アスリート人材の特長でしょう。

目標に向かって突き進み、飽くなき向上心を持って当たり前のように努力を重ねてきたはずです。

この章の最後に、あなたにも問いかけたいと思います。

あなたは、どんな未来を描きますか？
どんな自分でありたいでしょうか？

第2章

アスリート人材の真価

POINT

アスリート人材は「AI」に代替できないさまざまなスキル」を持っており、
その優れたスキルには、
組織を変えることのできる可能性が秘められています。
本章では、アスリート人材特有のスキルを紹介し、
彼ら彼女らのポテンシャルを
引き出すための方法について考察します。

アスリート人材に向いているのは「営業」と「接客」

2015年に英国オックスフォード大学と野村総研（NRI 野村総合研究所）が行った研究結果で、「日本の労働人口の49％が人工知能やロボット等で代替可能になる」と発表したことは社会に大きなインパクトを与えました。

「近い将来、多くの仕事がAIにとって代わられる」——そんな言葉が現実的になっていることは確かです。

さらに、マッキンゼーが2020年に発表したレポート『未来の日本の働き方』では、このように報告されています。

「2030年までに既存業務のうち27％が自動化され、その結果1660万人の雇用が代替される可能性がある」

なくなっていくと予想される職業としては、一般事務、警備員、工場勤務者などが挙げられています。反対に、代替が難しいと予想される職業には、医師や教員、クリエイターといった想像力や創造力を必要とするものがあり、そのなかには「営業」も含まれています。

これらの職業には、**人間でなければ担えない要素**が含まれています。そのため、**仕事を行う際には、より「人間らしさ」が求められる**でしょう。

近年、ＡＩの急速な発達によって私たちの仕事や生活にも変化が見られるようになりました。ビジネスや教育、医療などさまざまな現場で導入事例を見聞きすることも増えています。

人間にしかできないことが求められ、その風潮はさらに加速しています。ビジネス市場においても、**あいさつや人当たりの良さといった「基礎的な人間力」を持つ人材がますます求められるようになる**でしょう。

アスリート人材は、その特性から、**人と接する仕事に適性がある**と感じます。

もちろん個人差はありますが、**とくに営業や接客ではアスリート人材の強みが発揮されることが多い**ように見受けられます。高いコミュニケーション能力や対人スキルが求められるのが、その理由ではないでしょうか。

営業や接客は、「お客様」がいないと成立しません。商品を買ったり、サービスを利用したりするのは人であり、人と人との付き合いがすべてです。

そのため、**相手の心を開き顧客との間に良好な関係を築くための高いコミュニケーション能力**が求められます。

アスリート人材は、幼い頃から年長者と接し組織のなかで育ったことで、**対人対応力**が鍛えられています。

「コーチに求められていることは何か？」と考える習慣が身についており、**相手の要求から常に自分の果たすべき任務を察知し、行動に結びつけている**のです。

また、**礼儀作法が身体に染み込んでいる**のもアスリート人材の特長の一つです。「礼儀正しさ」「姿勢のよさ」「大きな声でのあいさつ」を毎日のように実践してきているので、社会に出てからも気持ちの良いあいさつを自然と行うことができます。

このようなアスリートがスポーツを通じて習熟した**「基礎的な人間力」**を含むスキルは、ＡＩに代替されない価値あるスキルとして重宝され、ビジネスパーソンとしても大きな強みになります。

なかでも、営業のように対人対応力や第一印象が重要な職種では、アスリート人材が頭角を現しやすいといえるでしょう。

アスリートが持つ**「イメージ力」**も、営業において大きな武器となる特筆すべきスキルです。先の展開と身体動作をつなげてイメージする能力の高さは、競技者特有のものです。

たとえば、野球のバッターは打席でカーブを打とうとするときに、どんな球筋でボールがきて、どのタイミングでスイングするかをイメージします。そうやって、これから起こるさまざまな展開を想定し自分の行動に反映させていくことは、営業でも大切なことです。

また、アスリート人材は勉強よりもスポーツに打ち込んできた期間が圧倒的に長いため、**記憶するよりも自分で考えて行動できる仕事のほうが向いている傾向があります。**

営業職は明確な数値目標があり、目標がわかりやすい仕事です。達成に向かってさまざまな工夫を重ね、自分の裁量で動く部分が大きい仕事でもあります。

その点でも、アスリート人材がスポーツ経験を通じて培った高いセルフマネジメント能力が生かされることでしょう。

最後に、私の周りにいる優秀な営業パーソンは、元アスリートが多いことを付け加えておきます。

アスリート人材の有用性はまだある

ビジネスにおいてアスリート人材は非常に有用であり、企業にとって彼ら彼女らは貴重な存在です。

私がこの確信を強めたのは、第1章で紹介した東海理化の野球部長・久能氏から伺った話がとても印象深かったからです。久能氏は、引退した野球部員たちが社業に入った際の社内の様子について、次のように述べておられました。

「元野球部の社員はみな、礼儀正しく、気持ちの良いあいさつが自然とできます。朝、職場に入ってくると『おはようございます！』と威勢の良い声で、爽やかなあいさつをしてくれます。他の社員もあいさつを交わしますが、**元野球部員のあいさつは他と違って、場を活気づける力があります。**職場の雰囲気を一瞬にして変えるほどです。

そのようなあいさつをされると、やはり気持ちが良くなるものです。そんな人当たりの良さもあって、元野球部員はみな、配属先のメンバーにとても慕われているのです。

そのような様子を見聞きすると、**彼らは職場を『笑顔にする力』を持っているのだと感じ入ります。**当然、彼らは新しい配属先で仕事を覚えていく必要があるため、それは彼ら自身が努力していかなければならないことでもあります。

しかし、仕事の出来不出来以上に、**職場に良い影響をもたらしてくれる彼らの存在は非常に大きく、社内でも重宝される人材**になっています。

実際に、『今度引退する選手をうちの部署に送ってほしい』という声がいくつも届きます。なかには『次に引退するのは誰？』と、引退前から部員を引き抜こうとする部署もあるほどです」

現役を引退した選手がビジネスの世界に飛び込むことは、それまでとは違った勇気や覚悟が必要となります。未知の領域に足を踏み入れる恐れや不安もあることでしょう。

しかし、長年のスポーツ経験を通じて身につけた礼節を重んじる姿勢は、職場の人間関係を円滑にし、組織の士気をおおいに高める役割を果たします。

アスリート人材は、仕事でも臆することなく毅然と振る舞うことで、周囲にプラスの影響を与える強みを持っています。あいさつはその最もわかりやすい例でしょう。


さまざまな仕事には知識や経験も必要ですが、組織で成果を上げるためには、良いチームづくりが欠かせません。

アスリート人材がいてくれることでチームに一体感が生まれます。そして良きムードメーカーとなって組織を牽引し、活気を与えてくれるはずです。

アスリート人材が持つ「厳しさに耐えうる強さ」

現代社会では、かつてのような上下関係が変化しつつあります。

昔は、上司や先輩の言うことは絶対であり、それに逆らうことなど考えられませんでした。スポーツの分野ではそれが顕著で、監督が選手に気を遣うことはほぼなかったと思います。むしろ、勝つためならとことん厳しい指導をする。「結果を出すことがすべて」という側面が強かったでしょう。

しかし現代では、少し厳しくすると選手が逃げてしまったり、「行き過ぎた指導だ」と監督が注意されたりします。そのため、監督としても選手に遠慮してしまうことがあるかもしれません。**いろんな場面で「優しくなっている」**のです。

過去の悪い慣行を正していくことは大事ですが、**選手たちと向き合うことをや**

め、事なかれ主義で対応していくのは問題です。それでは必要な指導もできず、選手たちは成長する機会を失うでしょう。

人間関係が希薄になりつつある現代においては、上司や先輩から厳しい指導を受ける機会が減り、親密な関わりをともなう管理や監督も少なくなっています。リーダー側としては、若手社員がすぐ辞めないよう、腫れ物に触るような対応をとるケースも多いと聞きます。

新入社員にとっては、そのような会社の対応が心地良いかもしれません。しかし、本人の成長という観点では、それは必ずしも望ましいとはいえません。

人間関係の構築方法を十分に学べず、コミュニケーションスキルも磨かれないままになるでしょう。その結果として、人間的な成長も期待できなくなります。

「甘さ」というのは諸刃の剣です。新入社員の定着という意味ではそれなりの効果があるかもしれませんが、**社員のポテンシャルを引き出したり、中長期的な視点で育成したりする側面においては、マイナスの部分も大きい**のです。

本人の成長を考え、時には厳しく、時には優しく接してくれる上司こそが、真に信頼に値するリーダーといえるでしょう。

飲食店やコンビニへ行くと、やる気が感じられず、態度の悪い店員を見かけることがあります。そのような店員のなかには、おそらく部活動などに打ち込んだ経験がない人たちもいるのではないかと感じます。なぜなら、部活動でそのような態度を取っていると、監督や先輩からこっぴどく叱られるからです。

そのとき、こう学ぶのです。**「やるからには真剣に取り組まなければならない」**と。いわゆる体育会系の部活動であればなおさらでしょう。

私も野球経験を通じて礼儀作法やマナーを徹底的に叩き込まれたからこそ、それらが自然と身についていきました。仕事においても、いい加減にこなすことなど考えられません。

アスリート人材は、**厳しさにもきちんと耐えられる強さ**を持っています。それが**上下関係に揉まれてきた「強靭さ」**なのです。

ビジネス現場で求められる「共感力」

相手が望むことが何であるかを考え、その思いに寄り添い、共感を示す――これは、実社会のあらゆるシーンで必要となるスキルです。

ビジネスにおいても、共感力はあらゆる場面で求められます。

たとえば、営業パーソンには、商談時に相手が考えていることを想像し、顧客やクライアントの要望をくみ取る力が必要です。

それができる人ほど、相手の信頼を獲得し、顧客と良い関係を構築することができるでしょう。当然それは営業成績にもつながります。

ここでいう「良い関係」とは、相手の利益を追求するだけではなく、自社の利益もないがしろにしない、いわゆる**「win-win（ウィン・ウィン）の関係」**です。

中長期的な視点で見ると、このwin-winの関係をいかに築き広げていくかが、仕事を拡張するうえでの鍵となります。

共感力は「話しやすさ」にもつながります。

誰でも、話しにくい人と一緒に仕事をしたいとは思わないでしょう。その意味で、**共感力が高い人ほど、相手との良好な関係（＝win-winの関係）を築きやすい**のはうなずけると思います。

一方、共感力を発揮できない人は、話す内容が一方的になりがちです。**自分の利益ばかりを考え相手の立場に立って物事を見ることができないため、信頼を得ることが難しくなります**。それでは、仕事の成果は上がりません。

「選択理論心理学」を提唱するアメリカの精神科医ウイリアム・グラッサー博士によると、人間は誰しも以下の五つの欲求を持っているといいます。

①生存の欲求

空腹になったら何かを食べたい、眠くなったら寝たいなど、生きていくために必要なすべてに対する欲求

②愛・所属の欲求

好きな人と一緒にいたい、人とのつながりを持ちたいなど、愛し愛される人間関係を保ちたいという欲求

③力の欲求

評価されたい、人の役に立ちたいなど、価値を認められたいという欲求

④自由の欲求

自分の思うままに行動したいという思いや、誰にも束縛されずに自由でありたいという欲求

⑤楽しみの欲求

仕事で成長するために勉強したい、知的好奇心を満たしたいなど、義務感にとらわれることなく主体的に何かを喜んで行いたい欲求

これらは、私たちの誰もが遺伝的に持つ基本的な欲求です。しかし、人によってそれぞれの欲求の強弱や満たし方が異なります。

私たちは意識的にも無意識的にも内側にある欲求を満たすために日々の行動を選択しています。そのため、**自分の欲求に気づいてそれを満たしてくれる存在には自然と好意を抱き、良好な関係を築こうとする**のです。

ビジネスの現場においても同様で、**相手の欲求が何であるかを探り、それに寄り添い、共感を示すことが非常に重要**になります。

スポーツにおけるチームワークも、**「共感」なしには成り立ちません。**メンバーと目指すゴールを共有し、そのために各々がどのような役割を担うのかを理解し合い、一致団結して進んでいきます。

その過程で、一人ひとりのメンバーが持つ思いや感情は、より良いチームを築くうえで無視できません。時には腹を割って話し合いながら、十分なコミュニケーションをとる必要があります。

そして、相手の思いに共感を示したり、寄り添ったり、場合によっては解決に向けてともに行動することが求められます。そうした姿勢があって初めて、チームが一つになっていくのです。

あらゆるシーンで重要な共感力――スポーツに打ち込んできたアスリート人材は、これを過去の経験から学んでいます。

ハイパフォーマーに必要不可欠な「セルフマネジメント力」

どんなアスリートでも、負けるために勝負に臨む人はいません。誰もが勝ちたいと思っています。

しかし、全員が勝利を得られるはずはありません。勝者がいるということは、その裏に敗者がいるということです。

プロ、アマに関係なく真剣に競技を続けていると、調子が良いときもあれば、悪いときも経験します。移りゆく四季にたとえるなら、伸び盛りの旬な「春夏」はただ前を向いてひたすら突き進めばいい。しかし、挫折を味わう「秋冬」も、誰にも一度は訪れます。

そんなときに問われるのが**自分を律する力**。うまくいかないときにどう自分をコントロールするかです。アスリートは常に**自分がコントロールできることに注力し、勝利の女神が微笑むまでじっと耐えしのぐ**のです。

このように、自分の思いに反して日々変わる調子や状況と向き合いながら、アスリートは常にメンタルとフィジカルの管理を欠かしません。

彼ら彼女らにとって、心身のコンディションを整えることは当たり前であり、その重要性もよく理解しています。

そして、**プロフェッショナルであればあるほど、セルフコントロールを高めるための努力を重ね、自己のマネジメントを重んじています。**

セルフマネジメント力は、ビジネスにおいても非常に重要です。

大事なプレゼンでは高度なプレッシャーを乗り越える必要がありますし、人間関係においては怒りなどの感情をコントロールすることが求められるでしょう。

同じようなスキルを持つ者同士で結果に差がつくとしたら、それは、**自分の心の取り扱い方や物事の解釈の仕方の差**であり、**それにもとづく思考と行動の差。**

つまり、それらをすべて含めた**「セルフマネジメント」の差**であると考えます。

では、そのセルフマネジメントをうまく行えるようになるための鍵はいったいどこにあるのでしょうか。

それはスポーツと同様、**「プロフェッショナル意識」**を持つことに尽きます。

ビジネスにおいて優れたパフォーマンスを発揮するために最も大切なことは、**「その道のプロである」という意識を持つ**ことです。

プロとしての自覚が足りないと、「もっと顧客に価値提供できるようになりたい」といった成長意欲が持てず、困難に直面したときに前向きに取り組むことが難しくなります。

結果に対するコミットやセルフマネジメントへの意識も低くなるため、良い行動習慣を身につけることができず、**一時的な感情やモチベーションに行動が左右されやすくなる**のです。

当然、掲げた結果目標に対して効果的な行動を積み重ねることができず、大きな成果につながることもありません。

たとえば営業では、売上や契約件数などの結果目標を掲げ、その達成に向けて日々の営業活動を行います。

ここでまず注力すべきは商談数などの行動目標です。自分でコントロールできる行動をどれだけ積み重ねることができるかが最終的な業績につながります。

とくに、個人でも法人でもこれだけ価値観の多様化が進み、ニーズが複雑になった近年において、売り手が想定する一定のパターンでモノやサービスを売ることは難しくなっています。

営業では何よりも、数多くの顧客の声を聞く必要があるでしょう。話はそこからです。

しかし、頭ではわかっていても、商談を断られることに対する恐れや準備不足による不安などが、行動を阻害してしまうことが少なくありません。

これは**感情の問題**です。気の向くままの優先度で動いてしまうと行動目標を達成することができず、業績は上がりません。

やる気が起きないときがあったり、ネガティブな感情が湧き起こったりするのは仕方がありませんが、それをうまく処理しながら自分を律していくのがプロの仕事です。

仕事でも高いセルフマネジメント力が発揮できれば、他の人よりもパフォーマンスのムラがなくなり、上層部から命じられていることを一定量こなせるようになるので、成長スピードが非常に速くなります。

すると、さらに次の仕事で周囲からの期待値が高まり、それに合わせて成長意欲がかき立てられ、より結果を出していけるという好循環が生まれます。

アスリート人材が仕事でもしっかりとプロ意識を持ち、かつてのように高いセルフマネジメントスキルを発揮することができれば、間違いなくビジネスにおいても目覚ましい成果を上げることができるでしょう。

彼ら彼女らは、それまでの競技生活を通じて自分なりの自己管理方法を体得し、その重要性を十分に理解しています。それだけとってみても、アスリート人材のポテンシャルの高さを表していると思います。

もちろん、本人の意識に委ねられる部分は大きいですし、組織の目標のために人を動かすことは簡単ではありません。

しかし、過去の経験の積み重ねが現在のその人を形づくっているという事実に目を向けたとき、ぜひ**アスリート人材が秘めているポテンシャルに光を当ててもらいたい**というのが、ここでの私の主張です。

組織にセルフマネジメント力の高い人材が増えると、**自分を律しながら一定の仕事量をこなせることが当たり前という文化**になり、組織全体のパフォーマンスの向上につながります。

また、組織に一人でもそのような自己管理能力に長けた人材がいることで、チーム全体に良い影響を及ぼし、**プロフェッショナルな組織文化を形成する一助となる**でしょう。

注目が高まっている「スポーツマンシップ」

アスリートたちのマインドに根づくスポーツマンシップ。

スポーツは、長い発展の歴史のなかで**「社会的な能力を身につけるための基礎」**として位置づけられてきました。

肉体的な鍛錬だけではなく、品性を養い礼節を学ぶ場としても、スポーツの教育的な価値が認められているのです。

選手たちはスポーツを通じて多くのことを学び、さまざまなスキルを習得していくわけですが、その根底にあるのが、「フェアプレー」をはじめとする**「スポーツマンシップ」という概念**です。

スポーツマンシップの基本については第5章で詳しく触れますが、ここでは、スポーツマンシップの精神に裏づけられた**アスリートの「人間力」**にフォーカスし、AI時代に求められる人材について考えてみたいと思います。

これからの社会では、いっそう倫理観や基礎的な人間力が求められるようになると考えます。

テクノロジーの急速な進化にともない、近年はとくに変化のスピードが速まっています。AIやロボットが人の仕事を担うようになると、私たち人間がやるべきことは次第に少なくなっていくでしょう。そうした流れには誰も逆らうことはできません。

しかし、すべての仕事がロボットに代替できるわけではありません。クリエイティビティやホスピタリティが求められる仕事、いわゆるヒューマンワークは、今後も人が担っていくことになるでしょう。

そこで、問われるのが「**人間性**」です。

先に「基礎的な人間力」と表現しましたが、スキルやノウハウを発揮する以前に、その土台となる**倫理観や相手への配慮、つまり「良き心」をもった人間が、これからの社会ではいっそう求められる**ことでしょう。

こうした目の前の人を思いやり、想像力を働かせることは、人間にしかできないことです。

スポーツを経験してきた身として胸を張ってお伝えできるのは、**その「良き心」がまさにスポーツマンシップに通じている**ということです。

仕事のスキルやノウハウは、後からでも身につけることができますが、人間性がともなっていなければ、いつか限界が訪れます。

不誠実な行いは巧みなスキルによって一時的にごまかせるかもしれませんが、いずれ明るみに出るでしょう。常に試されるのは「土台」なのです。

その点、アスリート人材にはスポーツマンシップという素晴らしい精神が備わっています。それは社会人として、そして人間としても重要な要素を含んでいます。

商品を購入するときやサービスを利用するときに、同じものであれば、ホスピタリティがあり、顧客のことを考えて接してくれる人から選びたいと思うのは自然なことです。

自分の仕事に誇りを持ち、扱う商品やサービスに自信があるのなら、いい加減な仕事をするはずはありません。その心持ちや姿勢は、細かな対応や所作にも現れます。

自分だけ良い思いをすればいいという発想ではなく、**フェアに戦おうとするスポーツマンシップの精神は、ビジネスパーソンとして求められるあり方にもつながります。**

本物のアスリートは、緊迫した試合のさなかでも相手に対するリスペクトを忘れません。常にフェアに物事を捉え、周囲への配慮を忘れず、正々堂々と行動します。

こうしたスポーツマンシップに通ずる姿勢は、これからの社会で活躍する人材には不可欠といえるでしょう。

チームプレーを最大化する「絆」

どのような仕事も、大きなプロジェクトを遂行していくためには人と人とが協力し合うことが不可欠です。

社内外を問わず複数の人と協力体制を築き、それぞれのスキルを掛け合わせることで、大きな仕事を成し遂げることができます。

そこで極めて重要になるのが、**人間関係とチームワーク**です。

たとえば、重要なクライアントが契約を打ち切る可能性がある場合、チーム内で課題解決の糸口を探し出し、営業チームとカスタマーサポートチームが一丸となって対策を講じる必要があるでしょう。

また、クライアントごとに関係性を構築していく際には、信頼関係が欠かせません。定期的なクライアントとのミーティングを地道に重ね、相手のニーズに耳を傾け理解を深めていく必要があります。そこでようやく、長期的なビジネスパートナーシップを築くことができます。

あるいは、新人教育や人材育成の場であっても同様です。新入社員の長期的な成長を促すためには、数年後を見据えた厳しい指導が時には必要となります。そのときに試されるのも、やはり信頼関係でしょう。

人間関係の基盤となるのはコミュニケーションですが、ただ会話をするのではなく、**共通の目標や志を共有することが重要**です。

互いのゴールをシェアし、ともに高め合う関係性を築くことで「絆」が生まれ、より良い成果をもたらします。これは、スポーツでもビジネスでも同じです。

アスリート人材は、これまでのスポーツ経験から人間関係を築くスキルや、後輩を指導する方法を身につけており、人を育てる資質にも長けています。

時につらさや苦しさを経験し、同じチームで苦楽をともにしてきた仲間との間には、強い「絆」があります。互いに励まし合い目標達成に向かって努力してきたからこそ、深い人間関係が築かれているのです。

会社という組織で見ても同じです。

ビジョンやミッションを共有しながらゴールに向かって一致して走り続けること。それが調和のとれた組織の姿であり、個人、企業がともに成長を遂げていくのがビジネス活動です。

人間関係がドライになりつつある昨今、絆という言葉を古臭いと感じる人もいるかもしれません。

しかし、たとえ表現する言葉が変わったとしても、目に見えない人と人との間に生じる深く強い結びつきは、昔も今も、確かに存在するものです。

未来においてもそうでしょう。

アスリート人材は、**「いかに仲間たちとの絆を深められるか」が大切であること**

を身体で理解しており、チームプレーを最大化するためには絆が重要であることを知っています。

また、仲間の存在を大事にするので、引退後に社会に出てからも長期にわたってつながりが続くのも、特長の一つです。

このような、さまざまな人間関係のなかで磨かれたコミュニケーション能力や、他者を信頼し人を見立てる力、キーマンの見つけ方は、社会に出てもおおいに役立つことでしょう。

どのような場所で、どのような人と、どのようにして絆を深めていくか。

その勘所をつかんでいるアスリート人材は、これまでの経験から学び得たそのスキルを活かすことで、ビジネスでも強固なチームをつくり上げることができるでしょう。

周囲を巻き込み、ともす「情熱の火」

アスリートとして何らかの目的に向かって邁進してきた人は、強さと情熱を兼ね備えています。必死に努力してきたからこそ、スポーツ経験を通じて培われたものが、自分のなかに蓄積されているのです。

そこに至るまでの道のりは、決して平坦なものではなかったと思います。挫折を味わったり伸び悩んだりしながら自分を鼓舞し、成長してきた経験は、大人になってからも活かされます。

アスリート人材が持つそのエネルギーが社会でも発揮されれば、周囲を変える原動力となります。

会社であれば組織全体が活性化され、部署内においてはチームを牽引する力となるでしょう。**それが彼ら彼女らの持つポテンシャル**なのです。

2015年に開催されたラグビーワールドカップで、日本チームは優勝候補の一角であった南アフリカを破り、スポーツ史に残るジャイアントキリングを演じました。

当時、日本代表チームを率いたエディー・ジョーンズヘッドコーチは、チームに必要な人材について、次のように語っています。

「飛び抜けたスキルや才能を持っていることも重要だが、**それ以上に成長したいという意欲があり**、辛い練習にも耐えられるかどうかを重視します」

自分の仕事に誇りを持ち熱心に働く人は、周囲を元気づけ、やる気を引き出します。その情熱が他者に活力を与えるのです。

一方で、ただ仕事をこなすだけの人は、どうしても元気がありません。部活動でも同じで、すぐにやめてしまうか、いろいろなスポーツを少しかじっただけの人は、根気がなく意欲に欠けているものです。

その違いはとても大きいといえるでしょう。情熱を持ち続けられるということは、それだけで一つの才能です。**情熱があるからこそ、地道な努力を積み重ねることができる**からです。

誰かにやらされて行う努力と、自分から積極的にする努力には大きな違いがあります。**自発的な行動は積極性や意欲、そして「夢中になる力」を引き出すもとになります。**

仕事ができる人の多くは自発的に行動しています。誰かに命じられるのを待っているのではなく、自分から積極的に仕事をつくり、意欲的にこなしています。それが、会社と個人の成長につながるのです。

意欲のあるアスリート人材は、周囲に火をつけます。彼ら彼女らの情熱が伝播し、チームメンバーの「夢中になる力」を引き出します。

そうすることで、みなが前向きに仕事に取り組めるようになり、活気ある職場風土が形成されていくのです。

アスリート人材は、もともと性格の明るい人が多いように感じます。そして、頭で考えるよりも先に行動できるチャレンジ精神を備えている人が大半です。

また、少しくらいの苦労でめげることもありません。

「情熱の火を絶やさない」のは、アスリート人材の特筆すべき点です。彼ら彼女らの情熱とエネルギーは、組織を変え発展させる力となるでしょう。

アスリート人材の潜在能力を引き出すために

「運動部出身」や「体育会系」と聞くと、厳しい上下関係のなかで育ってきているイメージが強いことから、「上司や先輩の指示に素直に聞き従うことができる人」という印象を持つ人もいるでしょう。

しかし、それはアスリート人材の一つの側面に過ぎません。

これまで日本では、アスリート人材をビジネスパーソンとして育成し、彼ら彼女らに十分に活躍してもらうための環境が整っていませんでした。

近年では、アスリート人材を対象としたキャリア支援サービスなどが増えてきていますが、まだまだ途上にあります。

組織のなかで先輩や上司などが個別に指導したり、あるいは、アスリート人材自ら個人的に成功者から学んだりするのが一般的でしょう。

そんなことから、適切な指導が受けられずに伸び悩むアスリート人材も少なくありません。このことは、社会全体としても大きな損失です。

企業の視点で見れば、アスリート人材をどのように扱うべきかよくわからないという戸惑いもあるでしょう。「とにかく言うことを聞いていればいい」という発想で社員を扱っていると、その潜在能力を引き出せず、宝の持ち腐れとなってしまいます。

このような背景を受け、**アスリート人材が持つさまざまな可能性に着目し、スキルや行動力、成長意欲をもっと引き出してあげるべき**だと、強く思うのです。

そのためにはまず、**企業のマネジメント層がアスリート人材に対する見方を変えていくことが重要**となります。

多様性が重んじられる現代では、それぞれの個性を尊重し活かしていくことが求められます。

アスリート人材もまた、そのような視点で再評価されるべきではないでしょうか。加えて、彼ら彼女らが活躍するための環境をいっそう整えていく必要があると思います。

もちろん、アスリート人材自身も変わっていく必要があります。**過去のスポーツ経験を活かし、社会のさまざまなシーンでその力を発揮する**こと。そうすることで、アスリート人材への理解が深まり、各企業の採用方針にも変化が生まれてくることでしょう。

私自身、「一般的な体育会系のキャラクターとは違うね」とよくいわれます。聞いたことを鵜呑みにせず「論理的に判断する」ことや「穏やかでガツガツしていない」という点を評価していただくからだと思います。

それは私の性格によるところもありますが、社会人経験の紆余曲折を経て、過去のスポーツ経験で体得したスキルが活かされるようになった結果だと思います。

このように、アスリート人材がそれぞれに仕事でもスポーツで培ってきた力を発揮していけば、従来のような体力頼りの「体育会系」のイメージを変えていけるのではないかと思います。

アスリート人材は、組織を変革し、その成長を促す大きな力を持っています。彼ら彼女らの力を引き出すことで、企業もまた新たな成長を遂げることができるのです。アスリート人材が幅広い分野で活躍するようになれば、日本社会全体がもっと活気づくことでしょう。

適性が分かれる「団体競技か個人競技か」

アスリート人材が営業や接客などの「人と接する仕事」に適性があることは63ページに書きました。とくに営業職は、明確でわかりやすい数値目標があるので、過去のスポーツ経験で体得したスキルがより活かされやすいでしょう。

しかしながら、「アスリート人材」と一括りにできないほど、じつにさまざまな個性があるのも事実です。経験してきたこともそれぞれ異なります。

当然、アスリートのなかにも社交的な人もいれば、引っ込み思案な人もいます。人と話すのが好きな人もいれば、初対面の人とは緊張してなかなか話せない人もいるでしょう。

それぞれ個性は違いますし、違っていいのです。

企業がアスリート人材の配属先を決めたり、採用したりする際には、これらの違いを考慮したうえで、彼ら彼女らが活躍できる場所を見極める必要があります。本人のキャラクターや適性などをふまえ、適材適所を実現することが重要です。

ここで一つ、興味深い話を共有したいと思います。

アスリートが取り組んできた**スポーツの特性（団体競技か個人競技か）によって、本人が持つ強みや特長に違いがあり、それに応じてビジネスに活用できる点も異なる**ということです。

たとえば、野球やサッカー、バスケットボールなどのチームスポーツでは、他のメンバーと協力して目標達成することが求められます。そのため、**団体競技を長くやってきたアスリートは、チーム全員で協力して成果を残す仕事に向く傾向があります。**

個人の能力だけが評価されるよりも、支店単位で表彰されるなど、チームごとに競い組織全体が評価されるような仕事に、やりがいをより感じることが多いのです。

チームスポーツ経験者に優れたリーダーやマネージャーが多いのは、**誰かのミスをみなでカバーする点**や、**勝つための戦略を共有しチーム一丸となって取り組む点**などが、経験してきたスポーツと同じだからだと思います。

はじめは営業プレイヤーからスタートした人でも、そこで結果を残し、営業チームのリーダーやマネージャーになって活躍する人が多いのはこの特性があるからです。

また、**仲間を大事にする**ところはアスリートに共通する特性でもありますが、**とくにチームスポーツをやってきた人はその意識が強いのが特長**です。

仲間をサポートする重要性を知っていることは、ビジネスパーソンとしても大きなアドバンテージになるでしょう。

一方、テニス、ゴルフ、陸上競技、武道、格闘技などの個人競技は（なかには団体戦もありますが、個人戦の要素が強いでしょう)、自分自身で目標を設定し、その達成に向けて計画立てて行動する能力が求められます。

そのため、**自分の裁量が大きく、個々のタスクを自主的に進める必要がある職務に向く傾向**があります。

個人競技では自分自身のパフォーマンスが結果に直結するため、長く個人で戦ってきた選手は、**高いセルフマネジメント能力と集中力があり、ストイックな人が多いのも特長**です。

たとえば、プロのテニスプレイヤーをイメージしてもらうとわかりやすいかもしれません。

プロのテニスプレイヤーは、自分自身がオーナーとなってすべてを決定しながら活動しなければならず、自分でマネジメントし、活動資金を確保して戦っていきます。

そのため、より**高い自律性**が求められると同時に、**「自分主体」**になる必要があります。

私の周りで活躍する経営者や、外資系のフルコミッションセールスという非常にシビアな世界で活躍している人のなかに個人競技経験者が多いのも、合点がいきます。

個人スポーツ経験者は、もちろん組織のなかでも活躍が期待できますが、それ以外にも、フリーランスや経営者など、**自分が裁量権を持って働くような仕事においても力を発揮しやすい**のではないでしょうか。

数あるスポーツのなかでも、**アメリカンフットボールという種目は、その独特の競技特性上、経験がビジネスに応用されやすい好例**ではないかと思います。

アメフトは、ポジションがオフェンスとディフェンスに分かれていて、選手の役割が明確であることから、**競技自体が実際の社会や組織の形に近い**ように感じます。

攻撃を指揮し得点を奪うクォーターバックに、ボールを運ぶランニングバックの進入を阻止するディフェンス。各ポジションによって、体のサイズもトレーニング方法もまったく異なりますが、試合になれば全員が力を合わせて勝利を目指します。

私の周りにいる同年代の経営者やマネージャーを見ると、野球やサッカーに比べて競技人口が少ないにもかかわらず、アメリカンフットボール経験者の活躍が目立ちます。それは、**異なる互いの個性や能力を尊重し合う競技特性が、ビジネスにも活きている**からだと思えてなりません。

アメフト経験者の元アスリートは、人材の使い方に非常に長けていると思います。

このように、それぞれの競技特性と仕事との関係に注目すると、**アスリート人材が活躍してきた場所に、次の活躍の場を示すヒントがある**といえそうです。

これは、企業がアスリート人材を採用したり配属先を考えたりする際の手がかりになると思います。

採用面接時には、具体的にどのスポーツをどれくらいの期間やってきたのか。そこでどんな役割（ポジション）を担っていたのか。どんな試練を経験し、それをどう乗り越えてきたのか。そしてそこから何を学んだのか。これらをヒアリングすることで、よりその人自身のオリジナリティーの部分が見えてくるでしょう。

また、マネジメント層や組織のリーダーが現場で彼ら彼女らを指導するときは、**アスリート人材が持つ高いポテンシャルを理解したうえで、それを伸ばしていく意識を持って接することが大切**です。

それが彼ら彼女らの自信とセルフイメージの向上につながり、その奥に眠っていたアスリートの追求心や成長意欲を呼び覚ますきっかけとなるでしょう。

過去のスポーツ経験を活かし、前向きに仕事に取り組む姿は、会社にとってもアスリート人材個人にとっても、望ましい成果につながるはずです。

セカンドキャリア開発という「人材投資」――株式会社東海理化の取り組み事例から

アスリート人材は素晴らしいポテンシャルを持っています。それを引き出すサポートを行うことで、自社組織の目覚ましい成長につながることでしょう。

彼ら彼女らに活躍してもらうためには何より本人の努力が不可欠ですが、企業側ができる取り組みの第一歩として、「アスリート人材の真価をしっかり理解する」ことが必要です。

とはいえ、まだまだアスリート人材への理解が進んでいないのが現状です。アスリート人材の積極的な採用や社内の支援システムの構築など、具体的な取り組みを行っている企業を見ると、その数はさらに絞られます。

そのようななか、**いち早くアスリート人材の有用性に着目し、積極的に選手のセカンドキャリア開発に取り組む企業**があります。先に紹介した**株式会社東海理化**です。

同社は硬式野球をはじめ、ソフトボール、ゴルフなど幅広いスポーツ活動に力を入れています。なかでも、創立65年の歴史を持つ野球部は、２０２３年から都市対抗野球大会（社会人野球の全国大会）に連続出場するなど素晴らしい活躍を見せています。

ここでは、東海理化の社を挙げた取り組みを紹介したいと思います。

社内でさまざまな問題解決を担う「品質保証部」と「ダイバーシティ推進部」の2セクション。野球部長の久能正人氏は現在、その二つの部署と協力し、野球部の選手たちのセカンドキャリア開発の仕組み化を進めています。

具体的には、**現役の選手たちが、実際の職場で用いられる問題解決の手法を体系的に学んでいく**というもの。

「問題解決の8ステップ」と銘打ったそのプログラムに沿って、選手たちは社業に入った際に必要とされるさまざまな考え方を身につけ、実践的に学んでいきます。久能氏は次のように語ります。

「現役中に体験することが重要だと思っています。新たな学びのように思われますが、じつは選手たちにとっては、**普段から野球を通じて実践している問題解決と本質は同じ**なのです。

『問題解決の8ステップ』の実践を通して、選手たちはそのことに気づきます。セカンドキャリアに不安を覚える選手が大半ですが、**野球と仕事の共通点**が見つかる良い機会になります。

『すでに野球を通じて問題解決の基礎的なスキルが身についているのだ』という実感は、選手たちの大きな自信になると見込んでいます」

さらに、選手たちはそのプログラムで学んだ問題解決手法を野球での目標達成や課題解決にも応用し、学びを深めているそうです。

今シーズンの自分の成績を振り返り、「この解決法ではダメだな……」「来年度はこうしてみよう」などと選手自身が改善のための取り組みを考え、自ら実行する。

そして、来年度になったら再び1年間の成績を振り返り、監督やコーチのフィードバックをふまえた改善を自ら考える。

そのように、久能氏が考える仕組み化のプランです。**年次単位で選手たちがPDCAサイクルを回していけるようにするのが**、久能氏が考える仕組み化のプランです。

この取り組みを単発で終わらせず、社内に根づく仕組みとして定着させることで、選手たちの野球と仕事両面のスキルアップが期待できるといいます。

アスリートは競技を通じてすでに問題解決スキルを身につけています。

しかし、彼ら彼女らはそれを当たり前のように行っていて、言語化をしたり、体系立ててノウハウを整理したりすることはありません。

その意味で、この東海理化の取り組みは、**選手たちがスポーツとビジネスのつながりを俯瞰して理解するのに役立ち、培ったスキルを次のステージで活かすための重要な足がかり**となるでしょう。

最後に、久能氏は今後のビジョンについて次のように述べておられます。

「他のアイディアとして、『社内インターンシップ制度』を思案しています。たとえば、2週間ほど選手たちが引退後の仕事を体験できるような仕組みを考えています」

とりわけ、「**現役中に業務を経験することが重要**になる」と久能氏は強調します。

現役選手は誰もが野球に専念しています。引退後のキャリアについて細かく考えるよりも、目の前のプレーに集中しているのです。一方で、どの選手も、**先のキャリアに対して潜在的に漠然とした不安を抱えている**のも事実。

そうした課題に対し、「**選手の現役中に、『きっかけ』づくりをすることが重要だ**」と久能氏は考えています。

「現役中に自分の持つスキルに気づき、少しでもセカンドキャリアへの見通しが持てるようになることで、より野球の活動にも身が入るでしょう。結果として、野球と仕事の両面にプラスの効果が期待できると思います」

同社では、礼節が身についた元野球部社員への評価が高く、「次に引退する選手をうちの部署にも送ってほしい」という声が、すでに各部署から多く寄せられているといいます。

さらに、アスリート人材の持つ課題を企業として取り組んでいくために、同社は2024年8月、野球部の現役選手やOB、上長などを対象に、野球部社員のセカンドキャリアをテーマとしたセミナーを開催しています。じつは、私が久能氏からメールをいただいたきっかけが、「そのセミナーで講演してほしい」というご依頼でした。そしてセミナーを通して、アスリート人材の持つ悩みや企業としての課題をまざまざと感じることができました。

久能氏は、「近年はダイバーシティが叫ばれているが、企業として、野球部人材がセカンドキャリアで活躍できるような仕組みづくりに取り組んでいる。野球で培ったさまざまな価値を、選手だけではなく周囲が理解することが必要である」と指摘しています。

セミナーを受講した現役の野球部員の方からは、「引退後、スポーツしかやっていない人が、ビジネスで活躍できるのか」「引退後のセカンドキャリアや人生のプランが見えない」といった悩みや不安が多く寄せられましたが、受講後には「今、野球に本気で向き合っていることが財産になると気づいた」「野球への情熱はそのまま仕事に活かせると知った」といったうれしい感想をいただきました。

久能氏は、「野球部社員に、引退後、仕事に対する覚悟や目標を持たせてあげられるかが鍵になる。これまでに培ってきたスキルに誇りを持ってほしい。自分ではなかなか気づけない強みを認識することで、セカンドキャリアが拓ける。それを選手だけではなく、周囲にも共有して、野球部人材が活躍する土台づくりが必要」と語っています。

このような取り組みを今後も継続していくことで、全社での野球部人材に対する理解がいっそう進み、彼らの活躍につながっていくでしょう。

そしてそれがまた、未来の野球部人材が活躍するための土壌になるはずです。

企業が行う**アスリート人材へのさまざまなサポートは、人材投資に他なりません。**どの企業においても一足飛びに「仕組み化」は簡単ではありませんが、東海理化の熱意ある取り組みに、大きな勇気をもらうのではないでしょうか。

繰り返しになりますが、**まずはその第一歩として、アスリート人材の真価をしっかり理解することが必要**です。

第3章

アスリート人材の「セルフマネジメント力」

POINT

本章では「アスリート人材の強み」の一つめとして、アスリート人材が持つ「行動力」を紹介します。

スポーツを通じて培われた能力は多岐にわたりますが、そのなかでも目標達成に向かって邁進できるスキルや、本番に最高のパフォーマンスを発揮するための「セルフマネジメント力」は、アスリートならではの特出した能力です。

一定期間のなかで結果を出す「目標達成スキル」

スポーツを通じて培われる能力は多岐にわたります。そのなかでも、掲げた目標を達成するために、計画性を持って必要な行動を積み重ねる**「目標達成スキル」**は、アスリートの際立った能力の一つです。

スポーツに限らず、さまざまな部活動には「試合」や「大会」があります。これらはアスリートたちにとって、日頃の努力の成果を発揮する重要な場面、いわゆる「本番」です。

大切なのは期日（定めたゴール）があるということです。選手たちは**定められたその期日に向けて、どのような準備が必要になるかを考え、日々の状況の変化をふまえながら着実に準備を進めていきます。**

アスリートにとってはもはや、**目標に向けて努力を続けることは当たり前であり、競技生活を続けていくなかで徐々に習慣として身についていく**ものでもあります。

初めのうちは目標に到達できなかったとしても、さまざまな失敗パターンや成功パターンを繰り返しながら、自分なりの調整方法を体得していきます。

そうすることで、目標達成の精度も次第に上がり、より効果的な行動が取れるようになっていくのです。

目標達成の本質はビジネスにおいても同じです。

ビジネスパーソンは日々さまざまな課題に取り組まなければなりません。そのためには毎日を漫然と過ごすのではなく、**目の前の課題に取り組み、個人や会社の目標を達成するために必要な行動が取れるよう、常に自己管理することが求められます**。

たとえスポーツにおける試合のようなものはなかったとしても、節目節目で結果は求められます。そのときにきちんと結果を出せるかどうかは、その人の評価に直結します。その後のキャリアアップや収入アップにつながることもあるでしょう。もちろん、会社の業績にも影響を与えます。

その点、アスリートは、スポーツ経験によって一定の期間のなかで結果を出すことが習慣となっており、目標達成能力が養われています。明確な目標意識があるからこそ、ビジネスパーソンとしても成果を上げるための適切な努力ができるといってもいいでしょう。

その意味で、**スポーツ経験は「社会人になるためのウォーミングアップ」**と捉えることができるかもしれません。アスリートは「いつまでに」「何をする」ということを、心身で体得する訓練を経ているのですから、それは社会に出てからもおおいに役立ちます。

また、**社会人として働くうえでは「組織内で目標達成スキルを発揮する」という視点を持つ**ことが極めて重要です。

そもそも会社は人の集合体であり、人と人とが関係し合うことで成り立っています。ですから、**個人の目標達成が全体の一部であることを認識しながら、組織全体の成果を追求する姿勢**が求められます。組織が一体となって目標に向けて努力できるかが問われるのです。大切なのは、組織のなかでの思考です。

ここ数年は、会社員として働く以外の選択肢として、個人事業主やフリーランスといった雇われない働き方が注目されています。しかし、初めて社会に出るとなると、まずは何らかの組織に所属して働くことが依然として一般的です。

会社の規模はさまざまですが、就職した企業で結果を出し、ビジネスパーソンとして成長していくためにも、**個人という視点だけではなく組織のなかで目標達成能力を発揮することが大切**なのです。

アスリート人材は、そのベースがすでにあります。

大きな大会に出場できたこと、レギュラー選手になれたことなど、何かしら個人やチームで目標達成をした経験があるはずです。その過程において、走り続ける覚悟が試されながら厳しい練習を継続してきたことでしょう。

常に自分の役割を考えながら、個人とチームの目標を追い求め、必死に努力してきたはずです。

私も高校時代に甲子園に出場できたという経験が、今でも大きな糧となっています。全国から選ばれた強豪チームが集結する憧れの舞台。その狭き門を突破できたという達成経験が、今日の経営者としての自分を支えています。

このように、目標達成スキルを持つアスリート人材は大きなポテンシャルを持っているのです。

アスリート人材の達成力は、組織の達成意欲を高め、チーム全体の成果を引き上げてくれるでしょう。

アスリート人材は組織の成長を牽引するリーダーとしても活躍できるはずです。

常に勝利に向かう「戦略的思考」

アスリートが日々の練習で培ってきたスキルは、本番で発揮されることになります。そこで、どれだけの準備をしてきたかが問われるのです。必死に練習すればするほど、当然、結果として跳ね返ってくる可能性が高くなります。

スポーツでは、それにプラスして「勝つ」という目標が必ず含まれています。そのため、選手たちは日頃から勝利を意識して練習に励みます。自分たちに何が足りていないのかを考え弱点を補うためのトレーニングをしたり、ライバルに差をつけるために個人やチームの技を磨いたり、などです。

戦う前に、勝つシナリオを描く――それがアスリートの行動の基本です。

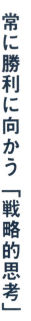

こうした姿勢は、社会人になってからも非常に役立ちます。

事実、ビジネスにおいても日々、他社やライバルとの競争を強いられます。その厳しい競り合いのなかで独自性を打ち出し、他社と差別化をはかりながら常に成果を上げる。すなわち、**ビジネスパーソンとしても勝ち続けていくことが求められる**のです。

スポーツでも仕事でも、勝つためには「戦略」が必要です。現状を知り、相手を知り、自分を知ることで、**必要な行動（練習）を導き出しながら、限られた時間のなかできちんと準備をする。勝ち続けるためには、このような戦略が不可欠**です。

ビジネスにおいても、マーケットの現状をふまえて他社や自社の状況を把握しつつ、個人や組織、会社レベルで強みを伸ばしたり、弱みを克服したりしながら成長する必要があるでしょう。

私が仕事において常に考えることは**「全体の流れ」**です。社会全体の流れもそうですが、社会の動きにともなって顧客のニーズがどのように変化し、ライバルの動向はどうなっているのか。影響しうるあらゆる「流れ」をつかんだうえで、あらかじめ用意しておいた複数の戦略を脳内に展開します。今回はA案なのか、それともB案なのか。はたまたC案でいくのか……。そうやって、**いくつかの候補案を並べ、状況に合わせて最適な打ち手を考えていく**のです。

事前に複数のパターンを用意しておくことで、冷静な対処につながり、どのようなシチュエーションになっても勝ち筋が見えやすくなります。

私の野球時代を振り返ってみると、常にさまざまな配球パターンが脳内をめぐっていました。おかげで、社会人になってからもその戦略的思考が自然と発揮されているのだと思います。

営業で商談をするときは、他社の状況をふまえてお客様にアプローチし、他社に不足している部分をさりげなく伝えながら、自社の強みをアピールしていました。それはまさに、スポーツで**勝利をつかみ取るためにいかに工夫するかを考える「戦略的思考」**そのものです。

スポーツ経験があるアスリート人材は、すべからく戦略的思考を身につけており、この力は、企業の競争力を高め業績を上げるための大きな武器にもなります。

最後まであきらめない「やり抜く力」

掲げられた目標を達成できる人とそうでない人がいます。たとえ同じ目標が設定されていたとしても、着実に結果を出し続ける人もいれば、なかなか目標をクリアできない人もいます。

では、その違いはどこにあるのでしょうか。

アスリートが持つ「目標達成スキル」の高さについては、119ページで詳しく述べました。アスリート人材は、掲げられた目標から逆算し、「何が必要なのか」「どういう行動をとるべきか」を軸に、着実に準備できる優れた能力を持っています。

アスリートのなかでも、**とくにスポーツで結果を出してきた人の多くは、その**

目標達成スキルが高いだけではなく、最後まであきらめない「やり抜く力」を持ち合わせているるというのが、ここで強調したい点です。

目標達成スキルとやり抜く力は深く結びついているので、両方のスキルを理解することで、アスリート人材はより自分の能力を発揮しやすくなるでしょう。ここでは、アスリートたちが発揮する**「粘り強さ」**にフォーカスしていきたいと思います。

たとえば野球なら「甲子園に出る」、サッカーであれば「国立競技場に行く」など、選手は何らかの目標を掲げると思いますが、このときに、**「自分の目標を公言する」**というのが、やり抜く力に長けた選手に見られる傾向です。

周囲に目標を宣言した手前、本人は具体的な行動をせざるを得なくなります。このように自分を追い込むことによって「必ず最後までやり遂げる」という強い意志を発揮し、結果を出していくのです。

「なんとしてでもやり遂げる」という思いの強さや意志の強さは人それぞれです

図2 答えを決めてから式を考える

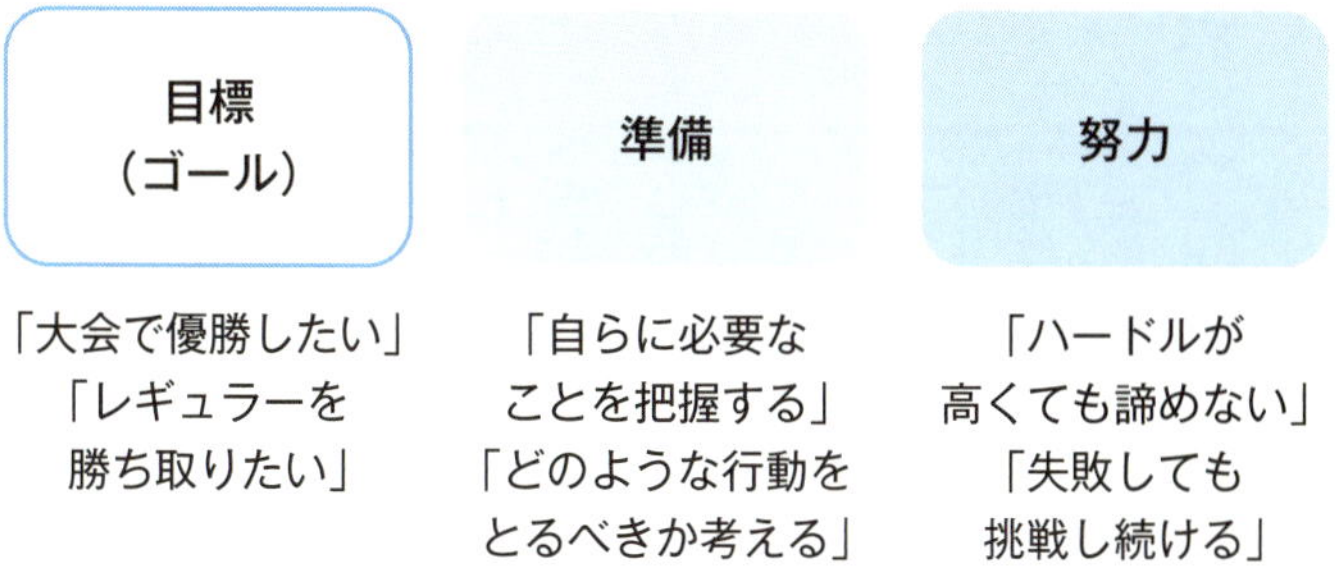
目標
（ゴール）
「大会で優勝したい」
「レギュラーを
勝ち取りたい」
準備
「自らに必要な
ことを把握する」
「どのような行動を
とるべきか考える」
努力
「ハードルが
高くても諦めない」
「失敗しても
挑戦し続ける」

が、達成するためのハードルが高ければ高いほど、「できなくても仕方ないか……」と途中で弱腰になりがちです。掲げた目標を自分のなかにとどめたままでいると、なおさらでしょう。

その点、やり抜く力を持つアスリートはそんな**自分の弱さも理解したうえで、周囲に目標を宣言し、それを最後まで走り抜く力に変えていきます**。「あきらめたと思われたくない」という気持ちも働くため、苦しいときに踏ん張りがきくようになるのです。

また、明確な目標を公言することで、両親や友人、親戚や地域の人々まで、多くの人たちが応援してくれるようになります。そして、彼らの手厚い応援が選手のさらなる後押しとなります。

このように、アスリートは目標達成を目指す過程で、「やり抜く力」を発揮する術を知っているのです。

もちろん、目標を掲げたからといって誰もが望むような結果を得られるわけではありません。

テニスの四大大会をはじめ世界で活躍した伊達公子さんは、「努力は報われないことも多々ある」といっています。しかしながら「でも努力しなければ何も変わらない」と続けます。

スポーツは結果が重んじられる厳しい世界です。

しかし、**掲げた目標に向けて必死に努力したことは、決して無駄にはなりません。**「必ずやり遂げる」という強い気持ちを持ち、本気になって挑戦し続けたことで、結果以上に得られたものがあるはずです。

それは一つの「成功体験」と表現できるでしょう。

私のアスリート時代も失敗と成功の連続でした。野球一筋ではあったものの、たえず怪我に悩まされ、20歳を過ぎた頃からは痛みとの闘いだったといっても過言ではありません。

実際のところ、痛みから完全に解放されることなく競技人生を終え、そのまま社会に出ています。ですから、野球人生のなかで満足する成果を上げられたかというと、決してそんなことはありません。

自分ではどうしようもできないアクシデントによって、断念せざるを得ない目標もありましたが、それでも、チームの一員として最後まで戦い抜く気持ちがなくなったことはありませんでした。むしろ、その挫折経験を通じて得られたことも多く、努力は無駄にならないことを教えられた一つの経験でした。

引退してからは、スポーツの世界で結果を出せなかった悔しさをバネに、**「今度は社会人としてプロフェッショナルになろう」**と考え、地道に努力を重ねてきました。たとえ状況が不利になっても**「最後まで努力を続ける、やり抜く」**という気持ちを忘れたことはありません。

アスリート人材はみな、「最後まで決してあきらめない」「失敗しても挑戦し続ける」――そんな「やり抜く力」を持っているはずです。

このやり抜く力は、ビジネスの現場でも非常に重要なスキルとなります。

厳しい市場競争や困難なプロジェクトに直面したときでも、アスリート人材は粘り強く取り組み、目標を達成するまで決してあきらめません。

ライバルと比較する「分析力」

「ライバルに勝つ」という点において、アスリート人材は非常に鍛えられています。ビジネスにおいてもライバルに勝つことは重要ですが、そのためのスキルや行動がスポーツを通じて養われているのです。

スポーツにおいては、ライバルとの関係は明白です。集団競技であれば、スタメンとして選ばれるかどうかが第一のハードルになりますし、個人競技でも代表選手に選ばれるかどうかが最初の関門になります。そのなかで常に意識されるのが、ライバルの存在です。

アスリートは**常にライバルと自分を比較し、分析しながら「自分には何が足りていないのか」「自分の強みはどこにあるのか」などを考える**わけです。そこから、クリアすべき課題が浮き彫りになります。そして、勝利に近づくための具体的な戦略につなげていきます。

チーム内においては、自分に与えられた役割を理解し、それに応じた行動をとることが求められます。

ここで必要となるのは物事を見極める**「分析の目」**です。また、接戦が繰り広げられている試合においては、現状を冷静に見ながら、どの戦略を選ぶかを瞬時に判断しなければなりません。このとき必要となるのもやはり「分析の目」です。

スポーツを通じてこのような「分析力」が養われてきたアスリートは、**社会に出る前にすでに一定のアドバンテージがある**といえるでしょう。なぜなら、ビジネスにおいても日々、他社やライバルとの競争を強いられるからです。

自社商品の強みを知るためにも分析力は必要ですし、顧客に選んでもらうための工夫をするにも、他社との比較・分析が不可欠です。**社会人になってもその優れた分析力が活かされるシーンは多い**のです。

他者やライバルとの関係性をふまえながら、自己を探求し、行動できる人間はどんどん成長していきます。それはスポーツに限らず、仕事や他のどんな活動でも同じです。

周囲の状況を俯瞰しながら自分を分析し、内省する習慣がある人は、現状を打破する力があります。望ましいとは思えないシチュエーションでも、自分を変え、ブレイクスルーしていく能力があるといえるのです。

結果を出している人は、そうした思考習慣と行動習慣が身についています。それが社会人になってからも活かされるケースが多く、過去の経験を振り返りながら現状をふまえつつ、仮説を立てながら物事に取り組んでいくことができます。

過去のスポーツ経験のすべてが必ずしも満足できる結果とは限りません。むしろ、「こうすればよかった」「もっとこうできたのではないか」など、後悔のほうが多いものです。そうした反省の視点も重要となります。

また、自分だけで解決しようとするのではなく、周囲の人に聞いてみることで、

図３　新たな成果を生み出す方程式

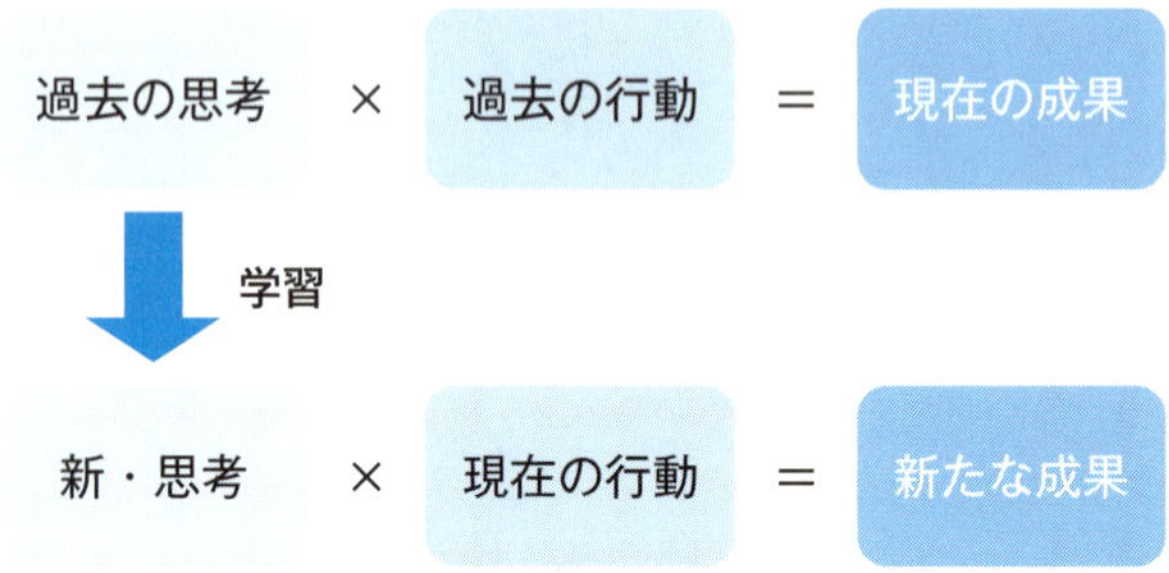

壁を突破できることもあるでしょう。**過去の反省をふまえた現在の行動が、将来の自己成長に大きく寄与している**のです。

このようにアスリート人材は、過去の経験に加えて、新たな学びを得ることで「新・思考×行動」を生み出すことができるはずです。

うまくいかないときには、ぜひ過去の経験を振り返ってみてください。勝てないライバルがいる場合も、**「以前はどうやって対処していたか」**を考えることが重要です。

そうして思考することを習慣化し、行動することで、道は拓けてくるものです。

現状に満足しない「追求力」

アスリートの大きな強みの一つに**「追求力」**があります。

追求力とは、現状に満足せず、**さらなる高みに向かう姿勢**のことです。これは**「成長意欲」**ともいえるでしょう。

スポーツで結果を出している人を見ればわかりますが、彼ら彼女らは常に「もっと速く」「もっと遠くへ」「もっと強く」と考えています。

野球でたとえると、ホームランを打った選手が「もっと遠くに飛ばしたい」と思うようなものです。ルール上、ホームランを打てば点数は入りますが、それだけで満足することなく、さらなる飛距離を目指すのがアスリートの「追求力」です。

アスリートの目標達成は、この追求力に支えられているといってもいいでしょう。その追求力によって新たな目標が次々と掲げられます。アスリートたちはその目標を着実にクリアしていくことで、自らの可能性をどんどん具現化していきます。

この**挑戦と達成を繰り返す行動サイクルが自己成長を促し、さらに追求力を高める**ことにつながります。すると、自己成長と追求力が相互に向上し合うスパイラルが生まれ、その結果、大きな成果が生まれるのです。

事実、そうしたアスリートの姿勢が、次々と歴代の記録をぬり替え、スポーツの歴史をつくってきました。野球のようなチームスポーツでも陸上のような個人競技でも、アスリートたちの追求力と成長意欲によって偉大な記録が誕生してきました。

スポーツは日々、追求の連続です。本気でスポーツに取り組んでいる人は、個人としてもチームとしても、あらゆることを追求しています。もちろん「勝つため」という目標を前提にしているのですが、その追求心は並大抵のものではありません。

この追求力はビジネスで活躍するための下地になりますし、仕事に限らず、**あらゆる物事を前進させ成し遂げるために必要な土台**となります。

目の前の仕事をきちんと見つめ、かつてのアスリート時代と同じように「もっと遠くへ」「もっと強く」と追求し、成長を求めることで、ビジネスで活躍するためのヒントが得られるでしょう。加えて、自分に足りない部分を分析し、そこを埋めるための努力を積み重ねていけば、必ず成果を出せるはずです。

アスリート人材は、その追求力によって、常に自分の限界を超える努力を惜しみません。この姿勢は、企業においても大きな価値を生み出します。

この追求力が、組織の成長を加速させ、チーム全体の成果を押し上げる原動力となるでしょう。

真似て自分のものにする「モデリング力」

アスリート人材が備えている特筆すべき能力として、**「モデリング力」**がありま す。モデリングとは、心理学において、ある対象をモデルにその動作や行動を模倣することです。

スポーツ経験がある人であれば、誰もが先輩やプロスポーツ選手を真似て、基礎スキルの習得に励んできたことでしょう。時にはさらなるレベルアップを目指して、憧れの選手の動きを取り入れたプレーにチャレンジしたかもしれません。

私も野球選手時代によく「あの選手の守備はすごいな」「ボールを取ってから投げる速さと正確性がずば抜けているな」と観察し、感心するとすぐにフォームを真似たり、頭の中でイメージしたりして自分のプレーに活かしていました。

そうやって自分のモデルとなる優れた選手を見つけては、タイミングの取り方やフォームなどを真似ながら、野球のスキルを少しずつ身につけていきました。

このように、アスリートは誰に教えられなくても**自然と優れた選手の様子をじっと観察し、相手の良いところを自分に取り込んでいる**のです。

この「モデリング力」は、社会人になってからもおおいに活用できます。というのも、未経験の状態から新しいスキルを身につけていくときに、**「できる人の真似をする」という方法は仕事においても同じ**だからです。

たとえばトップセールスの方が社内にいたら、その人の電話のかけ方や会話の仕方、商談の進め方などを研究し、真似してみるといった具合です。

私も住友林業時代には、上司から「見えないところで先輩の商談を聞いておくように」と言われ、愚直に実践していました。あたかも野球で先輩の投球フォームを真似るかのように、先輩社員の話し方をそのままコピーして営業スキルを習得していったのです。

あるとき過去を振り返り、**「モデリング」という点においてはビジネスと野球がまったく同じである**ことに気づいたのでした。野球で培ったモデリング力が自然と活かされていたことに、とても驚きました。

無意識にモデリング力を発揮するアスリート。そのスキルは、周囲から見れば「規格外の優れた力」です。

アスリート人材の優れたモデリング力は、新人メンバーの良き模範となるでしょう。

彼ら彼女らの存在が、チームのレベルアップに貢献するのです。

わずかな差に気づく「観察力」

野球のピッチャーはマウンドからバッターの動きを鋭く観察します。今、バッターが何を考え、どんな球を狙っているのか。目を凝らして見極めます。全神経を集中させる瞬間です。

同じ選手でも前回の打席とは異なるわずかな違いを瞬時に見抜き、相手の戦法を見破ります。そこから守備における攻略パターンを考え、次のプレーにつなげていきます。

ベンチサイドから出される戦法のサイン。対戦チームはそれを鋭く読み取り、こちらの戦法を素早く見抜くと、新たな戦略でプレーを仕掛けてきます。

試合中はこのように、**互いに観察し合いながら、戦略の読み合い**が繰り広げられているのです。

野球では、そういった**「小さな変化」に気づけるかどうかが、ゲームの勝敗を分ける重要な要素**になります。

事実、私自身の野球経験から見ても、野球のプレイヤーには敏感さに長けた人が多くいました。長年野球をやってきたからこそ、瞬時にあらゆる変化に気づく敏感さが身についたともいえるかもしれません。

野球を例に取り上げましたが、こうした「観察力」が求められるのは、野球に限らず、他の球技種目やマラソンなどの個人競技でも同じでしょう。ライバルの動きはもちろん、**目に入るあらゆる情報を素早く処理し、勝利をつかむために戦法を柔軟に変えながらプレーする**からです。

じつは、こうした「観察眼」は、社会人としてもおおいに活用できるスキルです。

たとえば商談のシーンでは、**相手のことをよく観察し、今何を考えているのか、どのような意見を持っているのかを見極め、適切に対処していくことが求められ**

ます。

相手が発するヒントを見逃すことなく、商談につなげていけるかどうかが「勝敗」につながります。顧客の顔色が変わった時に何を察知するのか。同じ風景を見ても、何かに気づいて仕事に活かせる人もいれば、何も感じずにただ見ているだけの人もいます。両者の違いは大きいでしょう。

結果を出している営業パーソンは、どのような瞬間的な所作も見逃しません。準備したプレゼンをそのまま披露するのではなく、相手の状態に合わせて使用する言葉や提案内容、資料、仕草などを工夫しています。

しっかり目の前の相手を観察するとともに、そこで**気づいたことをすぐ行動につなげて、無駄のない仕事をすることが勝負を決定づけるポイント**です。**このとき求められるのが臨機応変の対応力**です。

用意してきた言葉や資料をそのまま使い、相手の状況を考慮することなくまくし立てるだけでは、やはりうまくいきません。状況は刻々と変わるので、その**小さな変化を見逃さず、チャンスにつなげることが肝心**なのです。

野球の試合では、どこに勝ち筋のヒントが隠れているかわかりません。だからこそ、一瞬たりとも気を抜かずに相手を観察することが求められます。

商談も同様で、どこに重要なヒントが潜んでいるかわかりません。そのため、集中を途切れさせず相手を観察することが重要です。

いつでも、**攻略のヒントは必ず目の前にある**のです。スポーツで培った鋭い「観察眼」を発揮すれば、仕事でも勝ち筋が見えるはずです。

パフォーマンスを最大化させる「セルフマネジメント力」

アスリート人材は、セルフマネジメントという観点でもポテンシャルが高いといえます。過去のスポーツ経験を通じて、常に自分の心身を点検しながらコンディションを整える習慣が自然と身についているからです。

一流選手はいつチャンスが訪れてもいいように、日頃から本番に向けた準備をしています。それはまさに、徹底した自己管理の表れであり、常に心身の状態に気を配りながら生活していることに他なりません。

こうしたマネジメントスキルは、社会に出てからも非常に重要となります。多くのビジネスシーンでは、スポーツほど肉体を酷使することは少ないものの、頭を使ったり、高度なプレッシャーを乗り越える必要があったりと、さまざまなパフォーマンスが求められます。

そのときに、**いかにコンディションが整っているかが大事**なのです。

セルフマネジメントは、体力の回復や体調の管理など身体面に限った話ではありません。心のマネジメントも含まれます。とくに、ストレスを抱えやすい現代社会においては、心のケアの重要性が増しているといえるでしょう。

スポーツでもビジネスでも、一定のパフォーマンスを発揮するためには、体と心、この二つのバランスが取れていることが非常に重要です。

その点、スポーツ選手は経験から心身のマネジメントの重要性を身に染みて理解しています。これまでの競技生活を通じて自分なりの管理方法をすでに身につけていることが、アスリート人材のポテンシャルの高さを示しているといえるでしょう。

社会に出れば、すべての人が何らかのプロフェッショナルになります。少なくとも、周囲からそのような目で見られることになります。そのとき、自分にプロとしての自覚が足りないと、セルフマネジメントに対する意識も低くなり、普段の生活や習慣が洗練されていきません。

アスリート人材がこれまで身につけてきた「セルフマネジメント力」を発揮し、さらに高めていくためには、まずは**ビジネスパーソンとしてのプロ意識を持つことが大切**です。

私は野球を離れてからは、ビジネスのプロとして日々を過ごしています。

大学時代の怪我をきっかけに野球の道をあきらめざるを得なくなったとき、「引退して違う道に進むのであれば、その道のプロになろう」と決意しました。このプロ意識が自分を奮い立たせ、日々のセルフマネジメントにつながっていると実感しています。

アスリート人材は、パフォーマンスを最大化させるためのマネジメント術をすでに持っています。ですから、それに加えて仕事でのプロ意識を持つことで、今後もより高いパフォーマンスを発揮できるでしょう。

「何事も実現させるためには、まず自分自身に期待しなくてはならない」

これはＮＢＡ史上最高の選手と称される「バスケットボールの神様」マイケル・ジョーダンの言葉です。セルフマネジメントの重要性がよくわかる、説得力のあるメッセージです。

第 4 章

アスリート人材の「強靭さ」

POINT

「アスリート人材の強み」の二つめとして、
アスリート人材が持っている「困難を乗り越える勇気」や、
「挫折経験を通じて磨かれた強さ」など、
「メンタル」の部分にフォーカスします。
メンタルの強さは、スポーツだけではなく、
社会に出てからも非常に重要なスキルとなります。

アスリートが経験し、財産となっている「挫折」

私は、高校時代に日大三高で20年ぶりの甲子園出場を果たしたものの、本番では思うようなプレーができず、本当に悔しい思いをしました。

大学に進学してからも野球を続けましたが、腰を痛めてしまい、プレーどころか日常生活もままならない状態に。入退院を繰り返し、痛みとの戦いの日々が続きました。

こうして振り返ってみても、やり直したいことだらけのアスリート人生でした。「あのときああすればよかった」「もっとこうしていたら……」と、今でも一定の後悔が残ります。

しかしながら、この挫折経験を通じて多くの学びを得たのも事実です。

腰の怪我で動けなかった当時、よく考えていたのは「自分にできることは何だろう」ということでした。他のメンバーに「何かサポートできることがあったら言ってくれ」と伝え、ストレッチを手伝ったり、彼らの練習をサポートしたりと、チームに対してできることを考えて、自ら率先して行動しました。

怪我という予期せぬアクシデントに見舞われましたが、**「物事の捉え方を変えて努力を続けられるかどうかで未来は変わる」**ということを教えられた出来事でした。

憧れの甲子園出場という成功体験と、大学野球での大きな挫折。これらの経験は、社会人になってからの私にもしっかりと根づいています。その両方を体験したからこそ、あらゆる物事を一面的にではなく、多面的に見ることができるようになりました。

成功体験だけでなく、挫折の経験を経て、初めて人は次のステージへと向かえるようになります。それまでの自分にとどまるのではなく、より成長した自分になるためには、**成功と挫折、その両方が必要**なのです。

本気でスポーツをやってきた人であれば、多かれ少なかれ、挫折経験があるのではないでしょうか。

努力しても結果に結びつかなかったり、思うような記録が出ずに伸び悩んだりと、低迷期に耐えてきたこともあるでしょう。チームでの人間関係に悩んだこともあったかもしれません。

そうした経験を通じて、**挫折が人間としての成長に必要だということを肌感覚で理解している**のではないでしょうか。

もちろん、スポーツと仕事はまったく同じではありません。

それまでスポーツしかしてこなかった人は、社会に出るにあたって不安もあるでしょう。実際、私もそうでした。しかし、成功も挫折も含めて、過去の経験が活かせると知るだけで、気持ちが楽になるはずです。

私の場合、野球での挫折を経て社会人になったため、「これから先はもう上がるしかない」という感覚を心のどこかに持っていました。「プロの野球選手になることだけが成功ではない」と、自分のなかで踏ん切りがついたのもこの頃でした。

その後は、会社の規模にとらわれず就職したり、思い切って転職したり、起業にも挑戦することができました。当然、その過程では迷いや戸惑いもあったのですが、**過去に挫折を味わったことが自分を強くさせた**のだと思っています。

回り道もまた、自分を成長させるための貴重な経験なのです。

アスリート人材の「挫折を通じて磨かれた強さ」は、組織のメンバーを力強く励まします。また、「挫折の痛み」を知っているからこそ、弱ったメンバーにやさしく寄り添うことができるでしょう。

アスリート人材は、チームビルディングにおいても欠かせない存在なのです。

日の目を見ないときに培った「コツコツさ」

人知れずコツコツと努力を積み重ねることができる。それが、アスリートです。アスリートにとっての本番は「試合」ですが、日々の練習や鍛錬のすべてが「試合に出ている状態」で発揮されるとは限りません。どれほど優れた選手でも、必ず試合に出られるとは限らないからです。

集団競技であれば、心身の状態や調子によってスタメンに入れるかどうかも変わりますし、途中で選手交代することもあります。個人競技であっても、怪我をしていたり、痛みが悪化する心配があったりすると出場を見送ることもあるでしょう。

スポーツの醍醐味はエキサイティングな本番のプレーにありますが、実際の試合に比べて準備や練習をしている期間のほうがはるかに長い。だからこそ、その本番以外の時間が重要なのです。

結果を出す選手は、**本番以外の時間をいかに過ごすかに気を配り、見えないところでコツコツと努力を積み重ねています。**

また、いつチャンスが訪れるかわからないことを熟知しているので、やって来たチャンスを逃さないためにも、日頃の鍛錬を怠ることはありません。

オリンピック4大会に出場して三つの金メダルを獲得し、「史上最高の体操選手」とも評される元体操選手の内村航平さんも、「1ミリずつをコツコツ積み上げていくことの大切さ」について、「人間は、そんなに大きく成長できないので、小さいことをコツコツ積み上げることでしか前に進んでいけない。後退せずに1ミリずつ進み続けること、それをどれだけ地道にやれるかが大事」と語っています。

おそらく、内村さんの約9年間で40連勝という驚異的な実績は、この「コツコツさ」——すなわち「やり続ける力」に起因するのでしょう。

ビジネスでも同じです。チャンスがいつ訪れるのかはわかりません。漫然と日々を過ごしていれば、せっかくのチャンスも棒に振ってしまうでしょう。いつ大きな仕事を任されるか、またいつ突然の出会いがあるかなど、誰にも予測はできません。

意外な出来事が次につながって突然の好機に恵まれたり、自分では「失敗した」と思っていた出来事が逆に良いことにつながったりすることは、よくあります。

だからこそ、**いつ仕事を任せてもらってもいいように、万全の準備をしておけるかどうか**。その準備には、スキルや知識の習得はもちろん、情報収集、あるいは人脈形成なども含まれます。こうした準備がチャンスを活かすことにつながるのです。

野球で考えると、チームにはさまざまなポジションがあります。ピッチャーで活躍する人がいれば、野手として守備で、あるいはバッティングで活躍する人もいます。それらに優劣はありません。重要なのは、チームのなかで自分の役割を見出すことです。

そのように「自分を知る」こともまた、準備といえるかもしれません。何も考えず、与えられた練習をこなすことだけが準備ではありません。それでは、与えられた仕事をただこなすだけの社員と同じになってしまいます。

たとえ試合に出られなくても、日の目を見ない仕事をしていても、腐らずに努力を続けることが大事です。それができるかどうかで、未来は大きく変わっていきます。苦しい日々を乗り越えるべく、自分を鼓舞できるかどうかが問われます。監督や上司は、そこを見ているのです。

スポーツも仕事も、厳しい側面や辛い状況はつきものです。しかし、**どんなときも決して努力を怠らない**。本物のアスリート人材は、それができるのです。

人知れずコツコツと努力を続けるアスリート人材の姿は、周りのメンバーに大きな影響を与えるでしょう。その姿勢は、組織内でも強い存在感を発揮します。

これまでに直面して慣れてきた「理不尽さ」

スポーツでも実社会でも、思うようにいかないことがあります。いずれも人と人との関係性の上に成り立っているものであるので、自分の思いだけがすべて実現されるとは限りません。

時には、不平等や理不尽さを感じることもあるでしょう。

アスリートの場合であれば、自分のほうが何倍も練習しているにもかかわらず、どうしても敵わない選手を目の当たりにしたとき。「どうして……」「なぜ……」と思うこともあるでしょう。

また、自分のほうが他のメンバーよりも良い結果を出せているのに、スタメンに選ばれなかったということもあります。それはまさに、不平等であり、理不尽を実感する瞬間です。

そのとき人は学びます。**「世の中は思うようにいかないこともあるのだ」**ということを。じつは、その学びが非常に重要なのです。**思うようにいかないからこそ、自分に何ができるのか、何をすべきなのかを考えて、工夫するようになる。**そしてそこには**戦略的な思考と努力が必要**だと気づくことができるのです。

2020年の東京オリンピックで金メダルが有力視されながら、2019年に白血病であることが発覚した水泳の池江璃花子選手。その発表は、日本中に大きな衝撃を与えました。それでも彼女は、2021年に延期となった東京オリンピックの舞台に立ちました。

「神様は乗り越えられない試練は与えない。自分に乗り越えられない壁はないと思っています」

池江選手は理不尽ともいえる病気に、己を信じて打ち勝ったのです。

何も考えることなく、漫然と日々を過ごしているだけで結果を出せてしまう人は、いずれ大きな挫折に直面したとき、それを乗り越える術がわからず、立ち尽くしてしまうかもしれません。

とくに社会に出てからは、不平等や理不尽さをさまざまなシーンで体感します。会社からの要求と顧客の要望がズレていたり、自分の努力が報われなかったり、あるいは正しい評価を受けなかったりなど、枚挙にいとまがありません。

そうしたときに、頭を抱えていても仕方がありません。現状を打破するには、不平等や理不尽さを受け入れて、自分ができる努力を続けていくしかないのです。そうした切り替えができるかどうかが試されます。

私自身、高校の野球部時代には寮生活をしていたこともあり、規則が厳しい生活のなかで理不尽と思えることにも耐えていました。

当時を思い返すと、本当に野球どころではなく、日々を生き抜くことだけで精一杯だったように思います。当然、娯楽などもありません。時には逃げ出したくなることもありましたが、甲子園という目標を掲げ、周囲にも伝えていたことから、自らを奮い立たせることができました。

そうして、不平等や理不尽さに耐え得るメンタルを徐々に身につけていったのだと思います。

思うようにいかないときは、自分に何ができるかを考えて行動する。そのことを教えてくれたスポーツ経験は、今でも私の大きな糧となっています。

スポーツ経験のなかで理不尽な社会の縮図を学んだアスリートは、どんな状況も受け入れるメンタルの強さを持っているのです。

アスリート人材の強靭さは、組織の士気を高め、チームの強い基盤づくりに貢献するでしょう。

幾度となく乗り越えてきた「強いプレッシャー」

私の高校時代の後輩にとてもチャンスに強い人がいました。

彼はチャンスが訪れたときに「どうしよう……」とうろたえるのではなく、「よし、チャンスがきた！」と意気込んで果敢に挑んでいきました。その姿は非常に頼もしいものでした。

どうやったら尻込みせずにプレッシャーをはねのけられるのか。その秘訣を彼に聞いてみると、次のような言葉が返ってきました。

「この試合は自分のためにある！」

どうやら彼は、**自分に前向きな暗示をかけ、それを事実と思い込むことで自分を奮い立たせていた**ようです。その後輩は、誰もが緊張してしまうような息をのむシーンでも、まるで楽しんでいるかのように見えました。

そうやって彼は、その後も着実に結果を出していきました。

スポーツに全力を投じてきた人ならわかりますが、試合本番やその前日には、強いプレッシャーにさらされます。場合によっては、一睡もできずに本番を迎えることもあります。

しかし、このような緊張感にさらされる経験は、社会に出てからも大きな力となる非常に貴重なものです。なぜなら、社会人になると、多種多様な場面でプレッシャーを感じたり、緊張したりするシーンがよくあるからです。

たとえば、社内外でプレゼンテーションをするとき。それまでの準備段階はもちろん、発表前日や当日など、プレッシャーがかかる場面はたくさんあります。初めての経験であればなおさらでしょう。

そうしたときに**支えになるのは、強いプレッシャーを乗り越えてきた過去の経験**です。それまでの選手人生のなかでどれほどのプレッシャーを乗り越えてきたのかを考えてみる。そうすると、これから訪れる緊張も乗り越えられるような気がするはずです。

私は現在、200人を前にした講演会を行うことがあります。そのときに、「甲子園の打席よりは緊張しないな」などと考えることで、自分を奮い立たせることができました。

今ではビジネスパーソンとして活躍する、前述した高校時代の後輩も、アスリートとしての経験が蓄積されていったことで、商談やプレゼンなどで生じるプレッシャーをはねのけることができているといいます。活躍するフィールドは変わっても、プレッシャーを楽しむ姿勢は当時とまったく変わっていませんでした。

日々の練習によって肉体が鍛えられていくように、緊張する場面を幾度も乗り越えることで、心もまた鍛えられていきます。メンタルの強さは、そのようにして養われていきますし、アスリートは強いプレッシャーを感じたときの対処法を体験的に学んでいます。

プレッシャーを楽しみに変え、はねのける力。それは社会に出てからも大きな武器となるのです。

アスリート人材は持ち前のメンタルの強さで、組織全体のパフォーマンスを底上げし、チームの業績向上におおいに貢献してくれるでしょう。

豊かな「感受性」こそ、アスリート人材の「人間力」

スポーツは人の心を動かします。その裏側には、本気でスポーツに取り組むアスリートの努力や厳しい鍛錬の日々、流された汗があります。そうした苦労があるからこそ、ドラマが生まれ、人々を感動させるのです。

野球、サッカー、バレー、バスケット、ラグビーなどのチームスポーツでは、同じチームのメンバーが手を取り合い、一致団結してプレーします。そうしたチーム同士の対戦からも数々のドラマが繰り広げられ、見る人の心を揺さぶります。また、オリンピックやワールドカップでは毎回、感動的なシーンがあり、見るたびに選手たちから大きな勇気をもらいます。

とくに、チームのために個人を犠牲にするシーンは象徴的です。野球でもサッカーでも、自分が活躍したいという意識は誰もが持っていますが、それでもチームが勝つために行動する。「ワン・チーム」の精神は素晴らしいものです。

もちろん、その感動は団体競技に限ったことではありません。個人競技においても同様で、高度なプレッシャーを乗り越えたり、想像を絶するような訓練をしていたりと、輝かしい活躍の背後にこのような選手の努力がにじむとき、私たちは深く感動します。

その感動は、スポーツ以外ではなかなか体験しづらいものです。スポーツに励んできたアスリートは、そうした**感動を届ける役割を自ら担ってきた**ことになります。

何よりも、選手自身が悔しい思いやうれしい気持ちを味わい、仲間に助けられ励まされてきた経験をしている。これらの経験が、肉体だけではなく、彼ら彼女らの心をも養っているのです。

アスリートは**論理的な思考能力だけではなく、物事を感情や情緒面からも楽しむことができる側面を持ち合わせています**。アスリート人材の感受性と豊かな人間性は、魅力的なビジネスパーソンとして欠かせない、大切な要素です。

アスリート人材がアピールすべきは「心の体力」

ビジネスパーソンにはさまざまなスキルが求められますが、ある程度のハードワークに耐えられるだけの基礎体力は欠かせません。実際に働いてみるとわかるのですが、仕事というのは思った以上に体力を使います。それは、スポーツとは異なる身体の使い方です。

基礎体力は、日常的なトレーニングや食事、睡眠などの休息によって管理できます。アスリートとして活躍してきた人は、日々これらを最適化し、練習や試合でのパフォーマンスにつなげてきたはずです。

しかしそれとは別に、私がここで強調したいのが、**「心の体力」**です。

心の体力とは、精神的な持久力のことであり、具体的には**「耐え忍ぶ力」**「**や**

り抜く力」「乗り越える力」などを指します。これらはすべて、精神的な強さに関連するスキルです。

ビジネスの現場でも心の体力は非常に重要です。社内外のライバルや上司・後輩との関係性、限られた時間のなかでこなすハードワークなど、肉体的な体力だけではなく心の体力が必要とされる場面も少なくありません。**心の体力があることで、ストレスに強く、困難な状況にも冷静に対処できます。**

最近は至るところで「レジリエンス」という言葉をよく耳にします。レジリエンスとは、逆境やストレスに直面したときにそれを乗り越える力や、一時的に落ち込んでも柔軟に回復する力のことで、まさに「心の体力」といえるでしょう。

だからこそ、社会人になってからも心の体力を伸ばすための鍛錬を続けていく必要があります。アスリート人材であれば、過去にフィジカルを鍛えてきたのと同じ感覚で、学びを深め、マインド面においてもセルフコントロールしていくことができるはずです。

良い指導者に恵まれた人は、どのように自分を鍛えればいいのかを知っています。本物の指導者は、肉体的な鍛錬だけでなく精神的な部分の鍛え方も教えてくれるからです。その指導内容を思い出し、実践し続けることで、ビジネスでもバランスのとれた強さを発揮することができるでしょう。

経営者のなかには、時間に細かく、わずかな時間も無駄にしたくないと考えている人もいます。そのような人に対応するには、時間を厳守するのはもちろん、状況に応じて柔軟に対応することが求められます。

また、レスポンスは迅速に行い、常に期待に応えるための準備をしておくことも欠かせません。そのためにはやはり、心の体力が必要となるのです。

そうやって仕事に打ち込んでいると、当然ながらハードワークになります。激務のなかでタスクを効率よく処理し、クリエイティブに対応できるかどうか。そのときに、**過去の経験から培われた「心の体力」がどれだけあるか**がものをいいます。

私自身もかつて、仕事仲間から「松本さんは、あれほどせっかちな人によく対応できますね」と言われたことがあります。

しかし、それは過去の経験から学び、実践していた結果であり、私にとっては当たり前のことでした。もちろん、基礎体力が養われていたこともありますが、それ以上に、心の体力に支えられた部分が大きかったのです。

そうした評価をいただいたのは、私の心と体の体力がみなぎっていたことにより、当たり前の基準値が人より高かったからだと思います。

このように、過去のスポーツ経験はメンタルの面でも大きな利点があります。とくに「心の体力」は、ビジネスの現場でもおおいに活かせるスキルです。もっと評価されるべきですし、アスリート人材は自信を持ってアピールすべきポイントの一つです。

心の体力は、一朝一夕で身につくものではありません。じわじわと養われるものであり、短期間の座学で詰め込むことはできません。

その点、すでに心の体力を備えているアスリートは、ビジネスにおいても非常に有用な人材です。

企業の成長は、アスリート人材たちの活躍にかかっているといっても過言ではありません。

第5章

アスリート人材の「品格」

POINT

「アスリート人材の強み」の三つめとして、
アスリート人材が備えている
「スポーツマンシップ」や「礼儀正しさ」について、
多種多様な視点から解説します。
これらの姿勢やスキルは、
社会に出てからも幅広く活用できる武器となり、
確かな強みにもなるはずです。

根底に流れる「スポーツマンシップ」

アスリートが持つマインドには「スポーツマンシップ」の精神が根づいています。

ですから、**スポーツマンシップのスピリットをもったアスリート人材が、実社会においても幅広く活躍することによって、より良い企業活動が推進され、ひいてはより良い社会が実現する。**私はそう信じています。

スポーツマンシップについては第2章のなかでも触れましたが、ここではもう少し詳しく、スポーツマンシップの基本について見ていきたいと思います。

そもそも、近代スポーツ自体の概念が生まれたのは、19世紀頃のイギリスであるとされています。産業革命後の近代社会の誕生にともない、スポーツが盛んになっていきました。やがてその動きは世界中に広がります。

スポーツが世界に普及した要因として、その教育的価値が挙げられます。そこには、肉体的な鍛錬や健康促進だけではなく、国家や市民社会における倫理や道徳などの規範を形成するという目的がありました。

そのため、**「スポーツマンシップ」という言葉は、スポーツの教育的価値を下支えするもの**として捉えられます。

スポーツマンシップという言葉が初めて使われたのは、ヘンリー・フィールディングの小説『トム・ジョウンズ』だとされています。この小説では、馬で柵を跳び越す狩猟家の「腕前」や「技能」を表す意味で用いられていました。

その後、19世紀から20世紀にかけて、スポーツの概念は「狩猟」から「競技」へと移行しました。近代オリンピックの誕生などの影響もあり、現在のような倫理的なニュアンスが強まっていったと考えられています。

やがて20世紀になると、スポーツマンシップという言葉はスポーツにおける行いの「公正さ」をより重視するものとなりました。その背景には、ルールの統一化や成文化、プロ化、大衆への一般化などがありました。

こうした過程を経て、**スポーツのなかに「フェアプレー」という精神が根づいていった**のです。ここに、スポーツの普遍的な価値があります。

長年、スポーツマンシップ教育とスポーツビジネス人材の育成に携わってきた中村聡宏さん（千葉商科大学サービス創造学部准教授、一般社団法人日本スポーツマンシップ協会代表理事）は、著書『スポーツマンシップバイブル』（東洋館出版社）のなかで、次の三つの気持ちを備えている人をスポーツマンと定義しています。

①尊重　プレイヤー（相手、仲間）、ルール、審判に対する尊重
②勇気　リスクを恐れず、自ら責任を持って決断・行動・挑戦する勇気
③覚悟　勝利を目指し、自ら全力を尽くして最後まで楽しむ覚悟

図4●スポーツマンシップが社会人を育成する

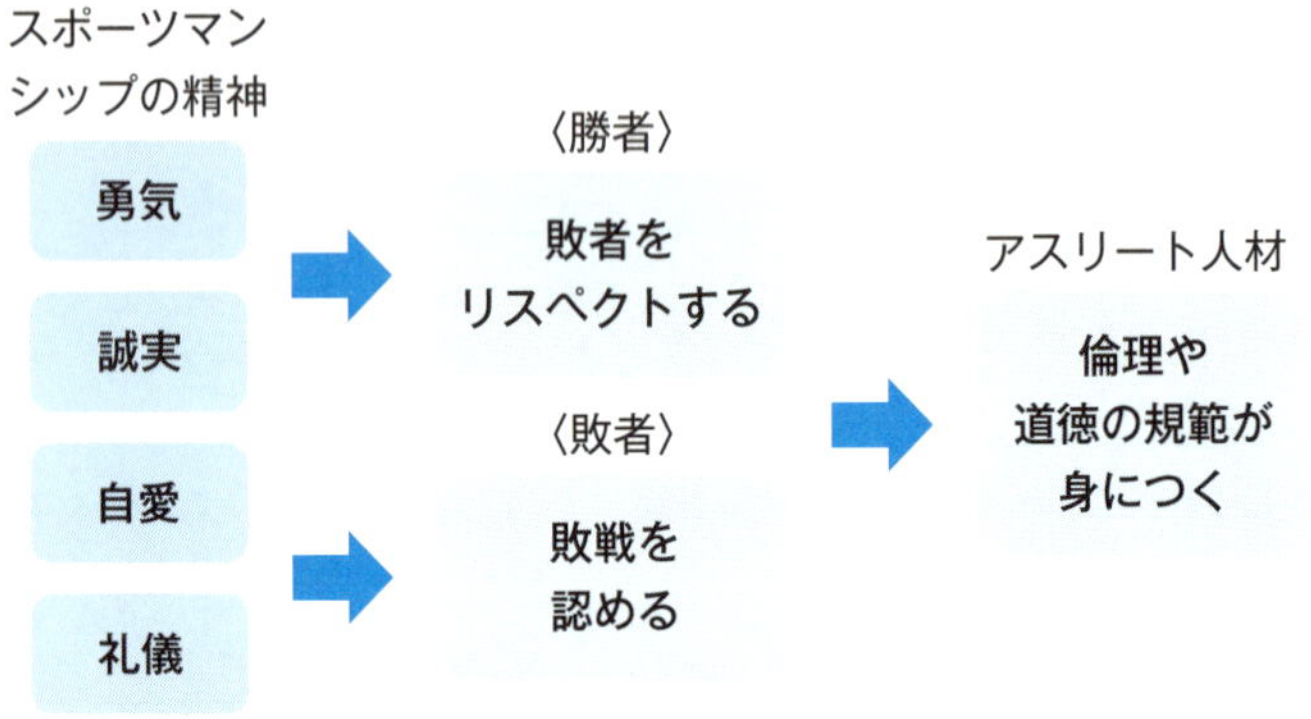

これらの要素を持つスポーツマンが、グッドゲーム（Good Game）を目指す心構えのことを「スポーツマンシップ」と定義しています。

アスリートが競技を通してスポーツマンシップを実践することは、自ら進んで実践する主体性や責任を持って最後までやりぬく力、他者を受け入れる多様性の精神を育むことにつながります。

それはまさに、**ビジネス社会で成功するために必要な要素であり、また、人生を豊かにするために不可欠なもの**です。

スポーツマンシップを理解し、習慣的

に実践している人は、自らの足りないところを謙虚に自覚し、真摯に努力することができます。

たとえば、敗者の正しいあり方を示すことはスポーツマンシップを体現した姿です。正々堂々とルールに則って戦い、結果が出たならば、敗者は潔く負けを認める。勝者も敗者に対して敬意を表す。試合中は本気で戦い、試合が終わったら互いの健闘をたたえ合う。**このような姿勢は、競争が激しいビジネスの世界においても求められるあり方**です。

スポーツマンのマインドを持つアスリート人材は、組織のチームワークや倫理観を向上させ、健全な職場文化の醸成にも大きく貢献するでしょう。

スポーツは、社会的な能力を身につけるための基礎として位置づけられています。その根底には、長い歴史のなかで培われてきたスポーツマンシップという、素晴らしい概念があるのです。

体に染みついている「感謝の心」

どんなスポーツでも、必ず相手が存在します。団体競技はもちろん、テニスやゴルフなどの個人競技もそうですし、陸上のように個別性が強い競技でも記録を争う相手がいます。スポーツは、相手がいて成立するものです。

そのため、スポーツ選手は相手に競り勝つために努力を続けます。勝つことは目標であり、試合に勝てなければその先のステージに進むことはできません。勝つことは一つの評価であり、アスリートにとっては明確なゴールです。

しかし、勝利がすべてであると考えるのはどうでしょうか。相手に勝ちさえすれば、何をしてもいいのでしょうか。そのような発想は、スポーツマンシップの精神から外れており、本来のあるべき姿ではありません。

スポーツの基本は、勝利を目指しつつも、同時に相手を尊重し礼を尽くしてフェアに戦うことです。アスリートは練習や試合を通じて日々、そのような精神に触れています。

私がそのようなマインドをきちんと学んだのは、高校に入ってからでした。それまでは指導者のもと、がむしゃらに野球をしていました。勝つことだけを目的として日々プレーをしていたように思います。

相手チームを野次る指導者や、それを真似する保護者や選手の態度は、スポーツ本来の精神に反するものです。

高校では「どのようなマインドで野球をするか」が大切であることを教えられました。応援してくれる保護者や学校関係者をはじめ、**周囲に対して感謝の気持ちを示すことを忘れてはならない。それが、試合に勝つことと同じくらい大切である**と学びました。

「成長するために、感謝の心は必要不可欠」というサッカー日本代表の長友佑都選手の言葉があります。スポーツに携わる、あるいは携わってきた者として、これこそ見習うべき姿勢でしょう。

2021年に開催された東京オリンピックでは、多くの日本人選手が活躍し、先が見えないコロナ禍において、大きな希望となりました。とくに野球では、1984年のロサンゼルス大会以来となる金メダルを獲得。日本中をおおいに沸かせました。

稲葉篤紀監督は、「良い選手を選ぶのではなく、良いチームをつくる」という指針を掲げ、選手みながともに戦う仲間であることを強調していました。

とくに試合後の会見で印象的だったのは、コーチや選手が**「感謝」「幸せ」「誇り」**など、非常にポジティブな言葉を自然に使っていたことです。そこから感じたのは、選手たちの素晴らしいマインドでした。

真に優秀な選手や監督は、仮に他の仕事や活動をしたとしても、成功をおさめるでしょう。なぜなら、**共通する普遍的な思想や能力が備わっている**からです。

それをスポーツマンシップと表現してもいいかもしれません。

そのなかでもとくに、**スポーツを通じて育まれた「感謝の心」は、未来の成長を支える土台**です。

アスリート人材の持つこのスポーツマンシップと感謝の心が、企業文化を豊かにし、チーム全体の成長を推進する力となります。

競技のなかで培った二つのスピリット「ルール」と「フェアプレー」

あらゆるスポーツには「ルール」があります。競技時間はもちろん、フィールドの広さ、動き方、参加人数、得点を得るための条件、さらには反則行為など、細部にわたってルールが定められています。

これらのルールがあるからこそ、スポーツは公平に行われます。ルールを前提に、そこから逸脱しないようにプレーすることで、選手たちの動きはますます洗練されていきます。

やるべきことが限られており、できないことがあるからこそ、できることに全力を尽くしているわけです。

ルール違反をしてまで勝とうとすることは、スポーツマンシップに反します。

それは実社会でも同じで、法律や条例、規則などのルールを破って生活することは許されず、社会的な制裁を受けることになります。

スポーツも暮らしも、人と人との関係性において成り立っています。それぞれが好き勝手に行動してしまえば、互いの利害が衝突してしまい、結果的に争いが絶えなくなってしまうでしょう。それは、誰にとっても望ましいことではありません。

だからこそ、**あらかじめルールを定め、そのルールにそってフェアプレーをするという姿勢が重要**となります。そのようなマインドがあるかどうかによって、スポーツの捉え方も変わりますし、本人の人間性にも影響を及ぼします。

どのようにスポーツに触れてきたかによって、ルールに対する意識は変わります。

ときどき、運動部員による残念な事件が報じられることがあり、ルールを無視するような風潮が根づいてしまっているチームもなかには存在します。

もちろんそのような事例はごく一部ですが、スポーツを経験してきた人であれば、**フェアな精神**を持ち続けてもらいたいと思います。**その姿勢が社会に出てからの人間性にもおおいに寄与する**のです。

実社会にもさまざまなルールがあります。明文化されていない「ビジネス慣習」など、実際に仕事をしながら現場で理解し、徐々に身につけていくものもあるでしょう。アスリート人材はそれをふまえて、ビジネスパーソンとしてもルールのなかで全力を尽くすようにしてください。

スポーツのなかで実践してきたことを思い出しながら、優れた選手と優れた社会人の共通点を見つけてみることも重要です。

仕事ができる人は、決められたルールやマナーを無意味に逸脱しようとはしません。そのなかで結果を出しながら評価を高め、自分なりの仕事を見出していきます。その姿勢は優秀なアスリートと変わらないのです。

フェアプレーの精神を持つアスリート人材こそ、ルールのなかで羽ばたける存在です。

ビジネスマナーの基本となる「目上を敬い、目下を慈しむ精神」

スポーツをはじめとする部活動を経験してきた人は、「先輩・後輩」の関係を経験しています。その縛りや関係性がどれほど厳しいかはそれぞれ異なりますが、いわゆる「体育会系」は、上下関係が厳しいことで知られています。

私の現役時代は、先輩の言うことは「絶対」でした。寮生活については前述しましたが、先輩の代わりにありとあらゆる雑務をこなし、目覚まし時計を使わずに起きて先輩たちが起床するのを待っている日々でした。

このようなケースは極端かもしれませんが、**先輩・後輩の関係性には一定の強制や命令が含まれており、まさに「社会の縮図」を経験した**といえるでしょう。

そうした環境に身を置くことによって、社会における上下関係の基礎を学生時代に経験し、社会人としての準備をすることができたのです。

どのような会社に入っても、新入社員は雑務をこなすことからスタートするのが基本です。

近年では、専門性が高く即戦力として期待される新入社員もいますが、それらは少数派であり、依然として、新人には基礎的な行動が求められます。

そのときに、**上司や先輩に対する態度や基本的なビジネスマナーが身についていなければ、良好な人間関係を築くのは難しい**でしょう。そこには、マニュアル的な所作だけではなく、気持ちの部分や表情、雰囲気といった無意識の行動も含まれます。

だからこそ、頭で考えるのではなく、身体で覚えているかどうかが試されます。

アスリートは、過去の経験から監督や先輩に対しての接し方を心得ています。

そのため、目上の方と食事をしたり商談したりする際にも、細かいところまで気配りをして動くことができます。必ずしも頭で考えて行動しているわけではなく、身体が自然と動いていくのです。

このように**目上の人を敬うことが習慣となっているアスリート人材は、ビジネスにおいても非常に有利**でしょう。

また、アスリート人材は、後輩の指導という場面においても強みを発揮できるはずです。

部活動などのスポーツ経験は、先輩への対応だけではなく、後輩の指導や管理なども含まれます。とくにアスリート人材は、後輩の面倒見が良い人が多い印象です。職場の後輩指導においても、**すでに経験しているので、頭で考えるより先に実践に移すことができます。**

そんなアスリート人材の立ち居振る舞いは、会社組織のなかでも重宝され、周囲からも慕われるでしょう。それが、本人はもちろん、**チーム全体の仕事を成功に導く要素にもなります。**

スポーツと同じように、人と人との関係によって成り立っている仕事は、周囲の協力を得られてこそより良いものとなります。そのためには良好な人間関係が欠かせませんが、アスリート人材にはその下地があります。

組織という意味では、部活動も会社も変わりません。部活には先輩や後輩がいるように、会社にも上司や部下がいます。

ですから、自分の新入部員時代を思い出せば、おのずと先輩社員や上司に対してどのように接すれば良いのかがわかるでしょう。部下や後輩社員に対しては、自分が先輩部員だったときのことを振り返れば、どのような関わり方をすれば良いのかがわかるはずです。

身体で覚えているスキルは、その人の人間性に根ざしているため、大きな強みとなります。社会人になる時点でこれらのスキルを備えているアスリート人材は、他よりも一歩先行く存在といえるでしょう。

身体に染み込んだ「あいさつ」

アスリート人材の多くは元気よく「あいさつ」ができます。それは、スポーツを通じて養われたスキルであり、**頭というよりは身体に染み込んだ習慣**といえます。このあいさつは、実社会でも重宝されます。

もともとあいさつというのは、自分の存在を相手に示すとともに、「あなたの存在を認めています」「私はあなたに危害を加えません」という意思表示にもつながっています。歴史を振り返ると、あいさつには「武装解除」の意味が含まれていることがわかります。

外国人の「握手」を例に考えるとわかりやすいでしょう。握手は、手に武器を持っていないことを示す行為であり、それによって相手を攻撃する意図がないことを伝える行為です。

一方、現代の日本においてはそうした意味合いを意識することなく、握手は相手との良好な関係を築くためのファーストステップとして捉えられています。

子どもの頃からスポーツに取り組んできた人は、基本的なあいさつやマナーがしっかりと身についています。その爽やかなあいさつは、表情や声のトーンなど、細部にわたって違いが感じられます。

時々会う野球部時代の後輩は、いつも威勢の良い爽やかなあいさつをしてくれます。そういうあいさつをされるとやはり気持ちが良いものです。彼の第一声を聞くたびに、「やっぱり違うな」と思います。

社会人のなかには、知識や肩書きに頼る人もいますが、それだけでは相手の信頼を得ることはできません。**基本となるあいさつや礼儀、マナーが何より重要な**のです。

社会に出ると、そのような**あいさつができるかどうかによって、その後の展開も変わっていきます。**とくに目上の人と相対するシーンでは、あいさつによって商談の成否が分かれることもあります。

あいさつがきちんとできないと、商談の中身を吟味する段階にすら至らない可能性もあります。とくに日本では、**商品やサービスよりもまず「人間」を見る傾向があり、その印象はあいさつによって大きく変わります。**

「良い製品をつくれば売れるはず」「良いプレゼンテーションをすれば伝わるはず」と考える人もいるかもしれませんが、やはりそれだけではうまくいきません。**相手に伝えるためには、まずは「信頼」という土台を整備することが不可欠**だからです。

そしてその土台とは、人間関係を良好にするための基礎的な対応であり、具体的にはあいさつや表情、その他の所作となるのです。アスリート人材の多くは、厳しい先輩や監督、コーチと接してきた経験から、それらが身についているはずです。

言い換えると、あいさつをはじめとするマナーや礼儀、あるいは雰囲気づくりに関する**「当たり前のレベル」が高い**ともいえます。

これらは短期間で取得できるものではなく、一定の慣れが必要です。したがってそれは、社会人になってからもおおいに役立つスキルとなります。

また、企業にとっても爽やかで元気なあいさつができるアスリート人材の存在は、**職場の雰囲気を良くし、チームの団結力を高める大きな力**となります。

その気持ちの良い立ち居振る舞いは、**組織を変える力**を持っています。ビジネスにおいても、あいさつは基本でありながら絶大な威力があるからです。

内面を見た目で表現する「第一印象」

アスリートの多くは、社会人として持っておくべき**「礼儀正しさ」**をすでに身につけています。監督やコーチ、先輩など、目上の人に囲まれて過ごしてきたこともあり、礼儀作法が自然に身体に染み込んでいるのです。

このことは、人に与える第一印象に大きく影響します。

たとえば、実際に仕事をするシーンを考えてみましょう。ドアを開けて入ってきた営業パーソンが、ボソボソとあいさつするのと、ハキハキと目を見て言葉をかけてくるのとでは、第一印象がまったく違います。

人に対する印象は、第一印象がいつまでも残り続けるといわれます。「人は第一印象が9割」という言葉は真実であり、心理学ではこれを**「初頭効果」**と呼びます。

小さい頃に「かわいい」と思った近所の子が、大人になっても「かわいく見える」と感じるのは、この初頭効果の一例です。この効果はビジネスにおいても大きな影響を与えます。

第一印象がよければ、相手は好印象を持って対応してくれます。だからこそ、第一印象を意識して行動することが大切です。具体的には、**「あいさつ」「態度」「表情」「身だしなみ」「言葉遣い」**などが挙げられます。

はっきりとした声で、きびきびとあいさつができれば、相手の第一印象は自然と良いものになります。このような振る舞いができる新入社員は少ないですが、アスリート人材は自然と身につけているのです。なぜなら、**「礼儀正しい」「姿勢がいい」「大きな声であいさつする」ことを毎日、当たり前のように行っていた**からです。

しかも、相手の顔をきちんと見て話すので、誠意あふれる言葉が生まれやすいのです。

こうした習慣は、本人にとっては当たり前のことかもしれませんが、一般の人からすると「すごい」「なかなか真似できない」と思われることも少なくありません。

「あいさつ」「態度」「表情」「身だしなみ」「言葉遣い」が良ければ、お客様は自然とその人に対して「気持ちのいい人だ」と好印象を持ってくれます。仕事のなかでも、とくに接客業や営業といった直接人と関わる職種では、「第一印象で好感が持てる」ということ自体が大きな武器になります。

対人対応力が鍛えられているアスリート人材は、間違いなく社会に出ても活躍できます。**「第一印象」という最大の武器をすでに持っている**のですから。

「元〇〇」という責任を背負う「看板の重み」

アスリートの多くは、自分が背負っている「看板」に誇りを持ち、その看板に恥じないよう行動しています。

私自身も、野球部ＯＢとして「日大三高」「法政大学」という看板を背負っています。また、社会人としての「元住友林業」も、「松本」という姓や「相模原出身」という属性も、私という人間を表す一部です。

これらの看板があるからこそ、**責任感を持ち、正しい行動をとらなければならないという意識**が生まれます。

もし私が、不誠実な行動をとってしまったとしたら、これらの看板に傷をつけることにもなりかねません。それはすなわち、「日大三高野球部ＯＢ」や「法政大学野球部ＯＢ」のイメージを下げてしまうことにもなります。

自分が背負っている名に責任と誇りを持つ。そのような意識があるかどうかで、日々の行動が変わります。感謝の心を持って、前向きに仕事に取り組めるはずです。また、そうした姿勢が良い仕事にもつながります。

部活動などを経験してきたアスリート人材は、それだけ背負っている看板が多いはずです。そしてその一つひとつの看板には「重み」があることでしょう。

けれどそれらは、重荷となるのではなく、**本人の行動を律し、成長を促し、さらには姿勢を正してくれる指針となるもの**です。

看板を負担に感じるのではなく、それを活かして成長することができれば、社会人としておおいに活躍できることでしょう。そこから責任感も生まれ、立ち居振る舞いも変わっていきます。

あえて一言で表現するのなら、大切にすべきは**「品格」**です。

私の場合、日大三高野球部や法政大学野球部という外せない看板があります。それぞれの歴史と伝統を大切に守り抜かなければなりません。結果を出せれば何をしてもいいわけではなく、**品格を保ちながらより良い仕事をしていくことが、その名に恥じない姿勢**です。

現在、私は前述した二つのOB会の役員を務めています。時間や労力を費やさなければならないので決して楽ではないのですが、求められる以上、率先して動くことがOBとしての役目であると思っています。

それ以外にも、野球部OBとして行っている活動の一つに、現役選手の就職支援があります。これは、私自身が大学在籍時に就職で苦労した経験をふまえ、少しでも彼らの不安を軽減させたいという思いから行っているものです。これもまた、お世話になった組織に対する先輩としての責務だと考えています。

アスリート人材は、自分が背負っている看板に誇りを持つことで、仕事ぶりが変わるでしょう。**その誇りと責任感が、アスリート人材の品性となり、ビジネスでの優れた成果につながる**のです。

第6章

アスリート人材の真価を最大限に発揮するために

POINT

本章では、アスリート人材が経験してきたさまざまなスポーツを軸に、それらがどう仕事に活かされていくのかを見ていきます。スポーツを通じて養われたスキルや精神は、幅広い場面で応用することが可能です。

ビジネスでも「好き」を見つける工夫をする

社会人になり、とくに仕事を始めたばかりの頃は、その辛さや困難さにばかり意識が向いてしまうことがあります。それが、仕事を嫌いになる原因になることもあるでしょう。

辛さや困難さだけで考えてみると、スポーツもまた同じです。最初は面白そうと思って始めたスポーツでも、続けていくうちに思うようにいかないことや苦しいこと、難しいと思うことが増えていくものです。

とくに、基礎的なスキルを身につける段階では、地味な練習が続いて退屈に感じることも少なくありません。また、自分より上手な選手を見たときや、敵わないと思う相手と戦わなければならないときなどは、辛く逃げ出したい感情に苛まれることもあります。

そのような辛さや困難さを感じたときに大事なのは、**少しでも自分が「好き」と思える部分を見出すこと**です。物事のマイナス面のなかからプラス面に着目することによって、**ネガティブな感情を乗り越える工夫をする**のです。

どんな物事にも、良い面もあれば悪い面もあります。「嫌だな」「面白くないな」と思ったときに、やめてしまうのは簡単です。

しかし、そこでやめてしまったら成長はありませんし、そのような**ネガティブな気持ちで取り組んでいたら、十分なパフォーマンスを発揮できず、良い結果につながりません。**

感情に左右されずに継続できる人、あるいはうまく乗り切れる人は、現状のなかで自分なりの「好き」を見つけ、少しでも楽しく感じられるように工夫しています。

たとえば、アスリートであれば、練習の記録をつけて自己成長を実感できるようにすることでモチベーションを高めたり、練習後にご褒美を用意したり、好きなトレーニングを練習メニューに組み込むなどの工夫をしています。長く競技を続けてきた人は、このような自分なりの工夫をしてきたことでしょう。

これらの工夫が重要なのは、ビジネスにおいても同様です。

たとえば住宅業界に進むのであれば「住宅開発が好き」「人を喜ばせるのが好き」「インテリアが好き」など、まずは自分が好きだと思うことに立ち返り、そこから仕事の良い面にフォーカスしていくといいでしょう。

仕事の嫌な部分ばかりを見るのではなく、自発的、積極的に良い面に着目することが、社会人としての「賢さ」です。

仕事はすべてが楽しいわけではありません。大変なことやキツいことが大半です。しかしそのなかで、少しでも「好き」の要素を見つけ出し自分をコントロールできる人材こそ、社会で活躍する賢い人なのです。

やらされて嫌々やるのではなく、クリエイティブに仕事を楽しむためにも、これらの工夫は欠かせません。

自分の「好き」を仕事にできるのが理想ですが、必ずしもそれが叶うとは限りません。アスリート人材のなかには、社会に出た後に自分の好きなことがわからず悩んでいる人もいるでしょう。

それでも大丈夫です。**まずは今取り組んでいる仕事のなかで、小さな「好き」を見つけましょう**。難しい場合は、**自分の「嫌い・不快」から明確にしてみる**のも有効です。

本当に好きと思えることは、与えられたもののなかで自然に見出せるとは限りません。むしろ、**自ら積極的に探る姿勢からもたらされるもの**です。

これまで取り組んできたスポーツと同じように、ぜひ自分なりの「好き」を見つける努力を続けてください。活路は必ず開けます。

仕事を「ゲーム化」すると攻略法が見つかる

仕事の一側面だけを見てしまうと、その大きさや複雑さに圧倒されることがあります。とくに新人の頃は、会社の仕組みや仕事内容、社内外の人間関係についての知識や経験が少ないため、一面的に物事を捉えがちです。その結果、どうすればいいのかわからなくなってしまうこともあるでしょう。

そのようなときには、視点を変えて**「仕事をゲーム化する」**のが得策です。その際に役に立つのが、過去のスポーツ経験を通じて身につけた戦略的な思考法とゲームを楽しむ感覚です。

スポーツにはルールがあります。そのルールを把握したうえで、「何をするべきか」「自分の役割は何か」を考え、勝つための戦略を練るのがアスリートの基本です。そうした姿勢を仕事にも活かしてみるのです。

仕事をゲーム化することで、困難と思えることでも攻略法が見つかりやすくなります。ただやみくもに行動していては適切な行動をとることができませんし、仕事で結果を出すことも難しいでしょう。何よりも、仕事が楽しめません。

スポーツではまず、前提となるルールを理解します。それと同じように、仕事でもまずは**現状を把握し、クリアすべき課題を明確にする**ことから始めましょう。

次に大切なのが、その**課題を解決するための道筋を考えて仮説を立ててみること**です。ゲームの攻略法を考えるのと同じ要領で仮説を立て、それに沿って勝利を目指し挑戦することが、仕事に熱中するためのポイントです。

自分なりの攻略法を考え、試行錯誤しながらトライ&エラーを繰り返していくうちに、自然と夢中になっていくでしょう。「攻略」できると、仕事が面白くなっていくのです。それが「ゲーム化」の効力です。

何事も真面目に捉えすぎると、視野が狭くなってしまいます。前述の「好きを見つける工夫」にも通じるのですが、角度を変え、見方を工夫することによって、仕事に対する印象や捉え方が変わってきます。

たとえば私の場合、他者（他社）の成功事例を学びながら、複数の視点を取り入れるようにしています。具体的には、ビジネスモデルや仕事のルールをどう組み立てるのかを考えるときに、ビジネスモデルが確立されている業界から勝ち筋を導き出したり、業績が良い人のルーティンを参考にするなどです。

ある程度経験値が上がったら、「勝ちパターン」を押さえておくこともゲームの勝率を高めるためのコツです。

この「ゲーム化」の思考は、野球部時代から培われてきたものだと思います。たとえばピッチャーの配球を読むときに、「前の打席」「前後の打者との兼ね合い」「ゲーム展開」「ピッチャー交代の可能性」などを考慮し、仮説と検証を繰り返してきました。その経験が仕事でも活かされているのだと思います。

スポーツを通じて体験したゲーム性を、ぜひ仕事にも応用してみてください。共通性を導き出し、置き換えてみるだけでも視点が変わります。

チームの相乗効果を生むために、「自分と相手を知る」

過去のスポーツ経験を振り返ってみると、いかにチームワークが大事なのかがわかります。

チームというのは、個々人の集積ではありません。それぞれの力が組み合わさることにより、「個人＋個人」の力量をはるかに上回るものを生み出せます。

本当のチームワークとは「(人数) 倍」ではなく「(人数) 乗」と表現できるかもしれません。単純に頭数を足すのではなく、各メンバーが自分の役割をふまえ、望ましい行動をとることによって相乗効果が生まれるのです。

ビジネスにおいても同じように、メンバーがそれぞれの仕事をただこなすのではなく、スキルやノウハウを持ち寄って共有し、それらを最適化することが良い仕事につながります。

そこで重要なのは、**「どうすれば足し算ではなく掛け算を生み出せるか？」**を考えることです。現状がただの足し算になっているなら、それを掛け算に変えるべく、まずは、チームワークについて検討してみましょう。

組織運営を考えたときに、「チーム編成」「仕事の割り振り」「進捗管理」など、マネジメントを含むさまざまな要素が挙げられます。過去にチームスポーツを経験してきたアスリート人材であれば、これらの要素をイメージしやすいでしょう。

チームの相乗効果を生むために大切な次のステップは、**「自分を知り、相手を知る」**ことです。

スポーツと違って仕事においては、社内だけのチームにとどまりません。社外を含めどのような人材を集め、どのような協力体制を敷くのかによって、結果は変わってきます。

そのため、社内外を問わずチームづくりを行う際には、**2乗以上の相乗効果を生み出せる人と協力する**ことが重要です。

図5 ● チームの力は相乗効果を発揮する

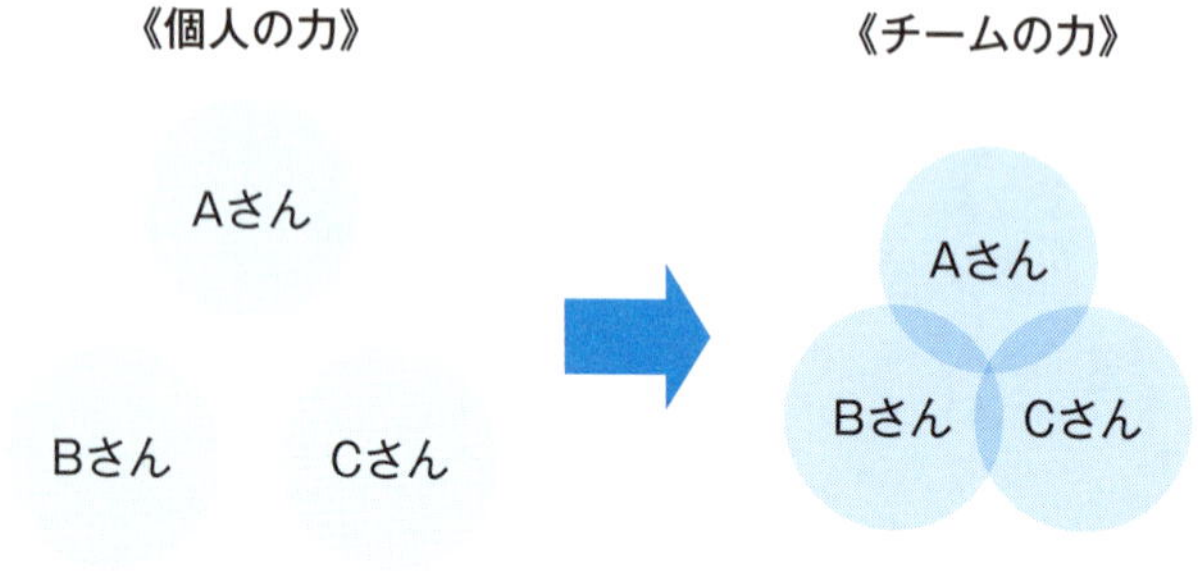

そのうえで、まずは自分のことを知らなければなりません。

集団競技において、自分のポジションを把握し、どのようにプレーするかを知らなければ、試合が成り立たないのと同じです。それぞれのメンバーが自分の役割をしっかり果たしていくことで、チーム全体の力が最大限に発揮されるのです。

部活動を経験していると、自分の役割や他者との関係性が見えやすくなります。私も野球での上下関係を通じて自己理解を深め、周囲との関係性を学びました。監督やコーチ、先輩や同期からのフィードバックが自分の強みと弱みを知ることにつながりました。

それらの積み重ねにより、チーム全体の視点から自分の役割を理解できるようになったのです。

チームワークという視点で考えれば、4番バッターばかりを集めるようなチーム構成にはしないはずです。

メンバーそれぞれが異なる多様な能力を持っています。記憶が得意な人もいれば、創造性に優れている人もいます。**必要とされるさまざまな人材を集めてこそ、チームとしての力が生きてくる**のです。

加えて、周りのスキルをより引き出すためにも、自分ですべてやろうとするのではなく、**「周囲に頼る」という意識を持ち、仕事を積極的に任せていく**こともチームの相乗効果を生むためのコツです。

スポーツで培ったチームビルディングの経験を応用し、チーム全体のパフォーマンスを向上させていきましょう。

「楽しさ」を知るために夢中になる

「どうも仕事がうまくいかない」「なかなか集中できない」と思う人は、**「楽しさ」という視点に立ち戻ってみる**ことをおすすめします。

自分にとっての楽しさをあらためて俯瞰してみることで、物事の見方が変わっていくものです。

私は、本当の楽しさというのは、夢中になることで初めて生じるものだと考えています。どんな物事も、最初から楽しさが備わっているわけではなく、**本人がその物事に夢中になって取り組むことで初めて感じられるもの**だと思うのです。

野球でいえば、甲子園に出場できることだけが楽しさなのではありません。それは一つの「結果」であり、夢中になってプレーし、がむしゃらに努力する過程で得られる楽しさの一部に過ぎないのです。

これまでできなかったことが、厳しい練習によってできるようになるのも、大きな喜びの一つです。**できなかったことができるようになると、人は成長を感じ、練習や試合もより一層楽しくなる**ものです。

私の場合、自分がイメージするプレーができるようになると、そこに喜びや楽しさを感じていました。たとえば、野球でこれまで打てなかったインコースが打てるようになるなど、イメージが現実になったり、さらにそれを超えていったりすることが無上の喜びでした。

成長を感じるなかにある「楽しさ」を知っている人は、たとえ苦しい現実があったとしても、それを乗り越えた先の喜びを理解していますし、そのために地道な努力が必要であることも知っています。

どんな仕事にも、苦しい場面や辛いことがあります。そこから逃げるのはたやすいことですが、それでは成長がありません。また、その成長の先にある本当の楽しさも体感できないため、周囲を圧倒する結果を出すことは難しいでしょう。**自らより高いバーを設定し、それを乗り越えていくようなセルフコントロールができてこそ、類まれな成果を上げる**ことができます。それが夢中になるということであり、成長することの本質なのです。

仕事に夢中になれば、自ずとその仕事を好きになれます。好きになれば、さらに上達したいと思えるようになるでしょう。

どんな仕事でもいいのです。「職業に貴賤なし」といわれるように、仕事自体に差があるわけではありません。そうではなく、自分がやろうと思った仕事なのであれば、それに対し、自ら積極的に夢中になることです。

夢中になるからこそ気づけることもありますし、見えてくる世界もあります。好きになってしまえば、踏ん張りもききますし、応援してくれる人も増えていくのです。

すぐに結果を求めず「忍耐力」を働かせる

どれほどポテンシャルのあるアスリート人材でも、結果を焦るべきではありません。すぐに結果を追い求めてしまうと、安易な手法にとらわれてしまい、成長が見込めなくなってしまいます。

とくにビジネスでは、長い目で物事を見ることが必要です。

社会人としての活動は、これまで経験してきたスポーツよりもはるかに長いスパンで続きます。定年まで勤め上げることを考えれば、じつに40年以上もの期間にわたって活動することになるのです。

仕事にかかわらず、人生は長く続いていきます。短期間での成果にこだわる必要はありません。**中長期的な成長を追い求めていくことが大事**でしょう。

そこで必要とされるのが、**「結果が出るまで待つ力」**です。**「耐えしのぐスキル」**といってもいいかもしれません。

これがあるのとないのとでは、その後の人生が大きく変わっていきます。なぜなら、忍耐こそが自分を成長させてくれる鍵だからです。

アスリート人材であれば、過去の経験を振り返ってみるとわかりやすいでしょう。どんなスポーツでも、すぐに結果を出せるものはありません。順調に成長していたとしても、どこかの段階で壁にぶつかることもあります。

そのときに、「つまらないからやめた」と投げ出すのは簡単です。しかし、次々に新しいことに手を出していては、何かを極めることはできません。**何をするにしても、高度なスキルを身につけるには一定の忍耐が必要**なのです。

社会人のなかにも、ビジネス書を読んだりセミナーに参加したりすれば、すぐに自分を変えられると思っている人がいますが、そう簡単にいくものではありま

図6 ● 遅れの法則

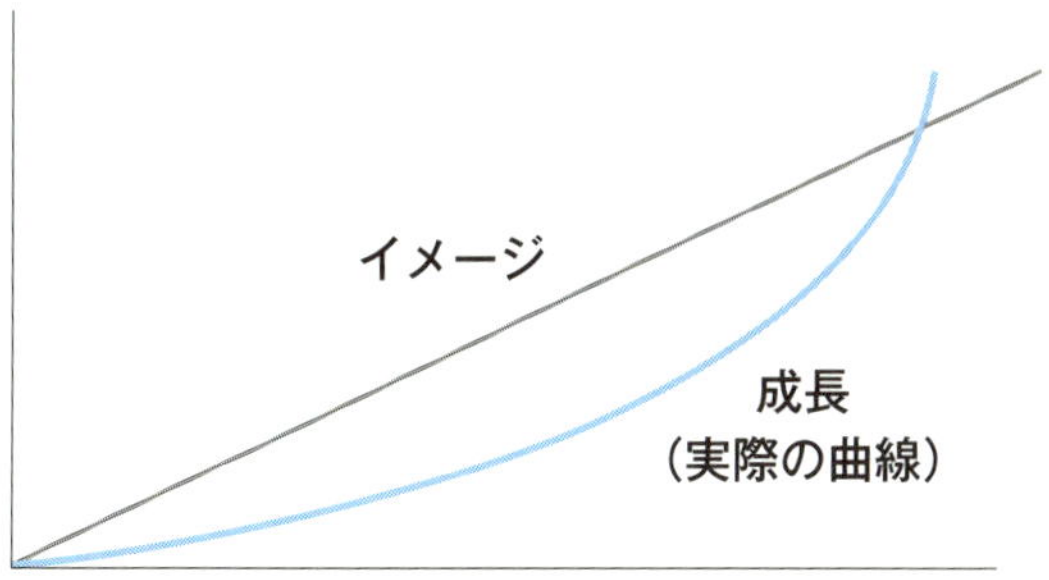

せん。

目に見える結果が表れるまでには一定の時間がかかります。ですから、その期間は忍耐力を持って自己鍛錬を続けていく必要があります。

もちろん学ぼうとする姿勢は大切なのですが、良いものに出合えばすぐに結果が出ると思ってしまうのは間違いです。

次から次へと新しい学びに飛びつき、それらを深められないまま追いかけるだけの「ジプシー」になりかねません。

何をするにしても、すぐに結果が出るということはありません。少なくとも、すぐに出てしまうような成果には、大した価値がないと考えるべきです。それよりも、**長い人生のなかで積み重ねていけるような、本質的な成長**を目指しましょう。

たとえば野球で、カーブの打ち方を教わったとしても、すぐには打てないものです。数か月の練習を続け、ふとした瞬間に「コツ」をつかむ。そのような経験を一度はしているのではないでしょうか。

教わったテクニックをふまえたうえで、自分なりの工夫をし、何度も試行錯誤を繰り返す。そういった地味な練習を重ねるからこそ、「わかった」と腑に落ちる瞬間があり、コツをつかむことができます。

そこで初めて、どんな投手の、どんなカーブにも対応できる力が養われていきます。これこそが忍耐力がもたらす成果なのです。

真の成長には、それくらいの覚悟が必要です。「耐える」というと否定的な印象があるかもしれませんが、**耐えた先にある成長した自分をイメージして、肯定的に捉えてみてください。**

スポーツに限らずビジネスにおいても、学んだテクニックは少し実践した程度では身につけることはできません。

地味な活動を続けて、学びを経て、少しずつ結果が表れていくのです。そうしていつの日か、一人前のビジネスパーソンへと成長していきます。

「耐えしのぐスキル」が必要になったとき、ここに書かれているメッセージをぜひ思い出してください。

過去と未来を「つなぐ力」を磨く

アスリート人材は、過去の経験を活かすことで、社会に出てからも幅広く活躍することができます。すぐに結果が出るとは限りませんが、粘り強く取り組むことで、いずれ望ましい成果を上げることができるでしょう。

しかし、すべてのアスリート人材が仕事でも活躍できているかというと、必ずしもそうとはいえません。高いポテンシャルを持ちながら、スポーツで培ったスキルを十分に発揮できていない人がいるのも事実です。

では、両者の違いはどこにあるのでしょうか。

まず、大前提として**「もっと良くなりたい」という気持ち＝上昇志向**があるかどうかが大きく影響します。その気持ちがなければ、自分を成長させ続けることができず、社会に出てからも活躍することは難しいでしょう。

「競技者としては現役を退いたけれど、ビジネスの世界でもやってやるぞ」という思いの強さが行動につながります。どんなことをするにしても、「今より良くなりたい」という思いが根底になければ、何も生まれません。

一方で、そういった成長意欲を持ち続けている人は、日頃の鍛錬を欠かしません。社会人としての学びを深め、さまざまなスキルやノウハウを習得し、人脈を広げるなどの工夫をしています。

本題に戻りましょう。社会人になってからもビジネスの現場で能力を発揮するためには、**過去の出来事を「つなぎ合わせる技術」**を持つことが重要になります。

ここでは**「つなぐ力」**と呼ぶことにします。

アスリート人材は、過去のスポーツ経験から得た学びをどう活かすかを考えなければなりません。つまり、スポーツで培ってきたスキルを、社会人にとって必要なスキルとして捉え直すということです。

この「つなぐ力」があるかどうかで、過去の経験を次のステップに活かせるかどうかが変わってくるのです。


私はかつて、自らのスポーツ経験を社会でどう活かせばいいのかわからなかった時期があります。そのため、努力してもなかなか認められず、野球ばかりしてきた過去を素直に肯定できませんでした。

若いアスリートのなかには、スポーツと仕事を別個に捉えてしまい、それらのつながりが理解できずに悩んでいる人も多いのではないでしょうか。自分のスキルを客観的に見ることは難しいうえ、ビジネスの世界のこともよくわからないとなると、悩んでしまうのも無理はありません。

しかしそこで、「自分はスポーツしかしてこなかったから……」と卑屈になってしまってはいけません。仕事に対して積極的になれず、また前向きな行動もとれないでしょう。

まずは、**自分の過去の経験を棚卸しして、現在との結びつきをイメージするこ**

とから始めてみましょう。

本書を活用して自分が身につけてきた能力に気づくだけでも、商談や交渉事で気後れせずに臨めたり、過去を素直に肯定する気持ちが生まれたりして、大きな自信につながるはずです。

かつて悩んでいた私が、過去の経験を抽象化して、現在の行動に捉え直し実践できるようになったのは、社会人になってからの学びが大きかったと思います。

社会に出てから目標達成やマネジメントなどについて深く学ぶようになり、その過程で、「過去にこういう経験をしていたな」「これはすでに体得しているスキルだ」などと気づくことが増えていきました。

そうした学びのなかで、成功哲学や偉人の言葉などに触れ、物事の捉え方自体が変わっていったのだと思います。

気づいたからといって、すぐに実践できるようになったわけではありませんが、スポーツとビジネスが一つの線としてつながったことは、私にとって大きなブレイクスルーとなりました。

また、このときに**尊敬するメンター**に出会えたことも大きな転機でした。

私の経験からいえる一例ではありますが、このような**社会人に出てからの学びが最も重要**だと思います。その学びがなければ、過去の経験の価値に気付けなかったでしょう。

また、自分自身との付き合い方などを学ぶことによって、過去を受け入れられるようになりました。

職業も年齢もバックグラウンドも異なる人たちと出会い、話を聞いたりともに学び合ったりすることで、**別の角度から過去を見つめることができ、自分のスキルを客観的に見るヒントが与えられる**でしょう。

学生時代は両親などから出してもらったお金で学ぶことが多かったと思います。しかし、社会人になると、学ぶためには自分で費用を負担しなければなりません。身銭を切るからこそ、学びはより深くなり、得られるものも多くなります。このような自己投資も時には必要であると考えます。

頭で**「わかる」**ことと、それを実際に**「行う」**ことには差があります。さらに、それが**「できる」**ようになるまでには、誰でも時間がかかるものです。

ですから、**焦ることなく、過去と現在を「つなぐ力」を磨いていきましょう。**

そして、あなたのそのチャレンジをぜひアスリート時代の仲間や周りの人とも分かち合ってください。

「量」と「質」は表裏一体と心得る

「量」が大事か、「質」が大事か――これは、よく議論されるテーマではないでしょうか。

ここでは、ビジネスで成果を上げるために肝となる仕事の「量」と「質」に焦点をあてて考えてみたいと思います。

どんなスポーツでも、一定量の練習があるからこそ、結果を出すことができる。このことは、アスリート人材であれば誰もが体験的に理解していることでしょう。

実際に、結果を出している選手ほど、誰よりも練習を重ねています。「天才」と呼ばれる名選手たちも、例外なく並外れた練習量をこなしており、その努力によって卓越したプレーを見せ、輝かしい成果を上げています。

野球でいえば、イチロー選手しかり、大谷翔平選手しかりです。

スポーツと同様、**ビジネスにおいても量と質の両方が大切であり、その関係は表裏一体**です。

どんなビジネスもそうですが、経済活動である以上、売上や利益を着実に上げていくことが求められます。それによって企業は存続し成長し続けることができるからです。そのときに必要となるのが、**日々のビジネス活動における業務の「量」と「質」という二つの視点**です。

企画立案や業務の効率化、マーケティングなど、売上・利益を上げるための要素は多岐にわたります。

これらの業務では、多くの経験や作業量が求められる一方で、質の高い仕事を行うことも不可欠であり、その両方がそろって初めて、売上・利益を効果的に上げることができます。

たとえば、営業職を例に考えてみましょう。

営業では、結果を出すためにまず活動量が重視されます。成約率を高めるためには訪問数や提案数、顧客へのフォローアップの頻度などを増やさなければなりません。

しかし、活動量だけを追っていては不十分で、それぞれの顧客のニーズに合わせた提案ができなければ成約には至らないでしょう。また、雑なアフターフォローを行っていたら顧客の信頼だって失いかねません。

そのため、多くの顧客にアプローチするだけではなく、各顧客に対して質の高い提案やフォローを行うことが、成果を最大化させるために必要なのです。

もちろん、スピードを追求することも求められますが、前提として質や量が担保されていなければうまくいきません。スピードは経験を重ねるうちに自然と身につくものです。無駄を省くなど効率よく行うための工夫は必要ですが、**まずは量と質を重視し、この二つのバランスを意識する**ことが大切です。

さらに、私の経験から確信を持ってお伝えできることは、「**いきなり質が生まれ**

ることはない」ということです。

さまざまな経験を多く積んでいくことで質が向上していきます。余分なものが削ぎ落とされ、スキルが洗練される過程で質が高まっていくのです。

「質」を下支えしているのは「量」であり、**「量からしか質は生まれない」「量を追求することで質も上がっていく」**というのが、スポーツとビジネス、両方にあてはまる原理原則です。

スポーツを通じてそのことを身体で覚えていた私は、住友林業という会社で営業職を務めていた頃に、成績を上げるためにひたすら足を使い「量」をかせぎました。そうすることで少しずつ営業成績が上がっていき、住友林業を退職する頃には、周囲から惜しまれる存在になっていました。

どんなビジネスにも近道はなく、地道に成果を上げていくことが求められます。

アスリート人材にはその基盤がすでに備わっています。スポーツ経験を思い出しながら、仕事でも同じように日々、「量」と「質」を追い求めていきましょう。

自己成長を加速させる「言語化」習慣を身につける

本気でスポーツに打ち込んできたアスリートは、昨日よりも今日、今日よりも明日というように、日々成長を求めて努力を続けてきたはずです。

多くの場合、アスリート人生にはいつか終わりがやってきますが、自分自身の成長については、終わりはありません。

大人になると、肉体的な成長はこれまでのように体感できなくなりますが、精神的な成長は、いつからでも、いつまでも、追い求めていくことができます。

ビジネスパーソンとしてとどまらずに伸びていくために、ここでは、常に成長を続けるためにはどうすればいいか、という話をしたいと思います。

内面的な成長を続けるために有効なのが、**過去や現在の行動を振り返り、自分の考えや思いなどを「言語化」する習慣**です。とくに、アスリート人材にとって重要になるのが、**過去の経験を振り返る**という点です。

成長するためには、意識や行動において何らかの変化を起こす必要があります。そのときに、自分の思考や状況などを「言葉にする」ことで、それまで漠然と考えていたことが明確になります。それにより、何が課題なのかが明確になったり、その具体的な対処法が見つかったり、あるいは自己理解が進んだりします。その結果、意識や行動の変化に結びつきやすくなるのです。

曖昧な思考が整理され具体化されることで理解と納得感が深まるという点が、行動変容につながる大きなポイントです。

これは、野球で「こうやって打つ」「このように投げる」といった感覚的な身体の動きを言葉にすることで、具体的な動作が理解できるようになるのと同じです。

過去を思い返すと、後悔を感じる人もいるかもしれません。

私自身も、それこそ学生時代から言語化の習慣を持ち、より高いレベルで実践できていれば、自分のアスリート人生も違ったものになっていたのではないかと、悔やむ気持ちがあります。

しかし、その悔しさは社会人として成長するうえでの糧となり、決して無駄にはなりません。**大切なのは、過去の後悔や悔しさを今に活かし、自分の成長につなげること**です。

そのために、先に述べた「言語化」を取り入れてみましょう。

たとえば、スポーツと仕事の共通点を探しながら、自分の頭でブレスト（ブレインストーミング）してみるのも一つの方法です。「**アスリート時代はどうやって自分を伸ばしていただろうか？**」と**過去を振り返り、結果を出すためにとっていた行動とそのときの状況を思い出して言葉にしてみる**のです。

自分自身と対話するように過去の経験を言葉にすることで、目の前の仕事と置き換えやすくなり、現在の行動の改善につなげやすくなるでしょう。

しっかりと振り返る時間を持てるのであれば、紙やスマホのメモアプリなどに書き出してみるのもいいでしょう。

今の時代は、ネットにあふれる膨大な情報の処理や、ＳＮＳなどで他者とコミュニケーションをとることに偏りがちです。意識しなければ、自分を内省する時間を持つことは難しくなっています。

自分のポテンシャルを最大限に引き出すためには、**自分自身と対話しながら、過去や現在の行動を振り返り、自分の考えや関心、心に秘めた思いなどを言語化**することが大切です。

これは自分をケアすることでもあり、**セルフマネジメントの一環**ともいえるでしょう。

ぜひ「言語化」習慣を身につけて仕事でもより高いレベルのパフォーマンスを目指してください。虚心坦懐に自分を見つめ直すことで、その時々の感情に左右されることなく成長し続けることができるでしょう。

おわりに

私は、今でこそコンサルタントとして高い評価をいただくことがありますが、ここまでの道のりは決して平坦なものではありませんでした。

本書のなかでもたびたび触れましたが、過去には、仕事の成果が出ず苦しみもがいた時期もあれば、仕事への情熱をすっかり失った時期もありました。

暗中模索が続いた20代後半、私の人生を大きく変えた一冊の本との出合いがあります。

仕事帰りに訪れた深夜の吉野家で、たまたま手に取ったはがきサイズの小冊子。表紙には、『勝ちぐせの極意』とありました。

後からわかったことですが、それは、アメリカの自己啓発作家であり「成功哲学の祖」ともいわれるナポレオン・ヒルが設立した財団が発行したものでした。

そこには、水のなかにいるカエルは、徐々に水が熱せられていくと熱湯になっても気づかずそのまま死んでしまうという、いわゆる「ゆでガエル理論」が載っていました。

そのカエルというのは、まさに私自身のことではないだろうか。**今の環境にこのまま居続けると、自分の低迷状態に気づくことなくいつか致命傷を負うことになる**——我が身を振り返り、ハッと息を呑みました。

続けざまに、話は「鎖につながれたゾウ」に移ります。

子どもの頃に脚を鎖でつながれ行動を制限されて育ったゾウは、動けないことを学習しているため、大きくなって鎖から解かれても動こうとはしない。

自分の可能性を制限しているのは、ひょっとしたら、私自身なのかもしれない。

そんなメッセージが迫ってきました。

私はこの二つのエピソードに引き込まれたまま、気づけば、その後に続くナポレオン・ヒルの成功哲学に夢中になっていました。

「能力開発」に目が開かれた瞬間でした。

その後は、変化と成長を求めてさまざまな社会人向け研修プログラムやセミナーに参加し、学ぶようになりました。個人の目標達成を支援する人材教育コンサルティング会社「アチーブメント」もその一つです。

かつて悩んでいた私が、過去の経験を今に捉え直して深く考えられるようになったのは、これらの学びやメンターとの出会い、志を同じくする経営者仲間との出会いが大きいと思います。

その学びは、新しく触れる情報や新たに学ぶ内容もたくさんありましたが、すでに自分がやってきたことを再確認する機会にもなりました。

この学びの価値は私にとって非常に大きく、私はそこから**「既知（＝経験から得た知識）と未知（＝未経験の物事）をつなぐこと」**の大切さを知ったのです。

48歳になった私がいつも考えているのは、「20歳の自分から見てどうなのか」ということ。

過去の自分が憧れる自分になっていたい。その思いがいつも私を奮い立たせてくれています。

そして、いくつになっても学び続けることの大切さを肝に銘じています。

人にはそれぞれ可能性があります。

とくに、**アスリート人材には大きなポテンシャルがある。**本書ではさまざまな角度から繰り返しそのことをお伝えしてきました。

過去を振り返ると、「あのときああすればよかった」「もっとこうしておけば」という後悔があるかもしれません。

私自身も、今思い返すと、過去の自分の至らなさにいたたまれない気持ちになったり、恥ずかしくて顔を覆いたくなったりします。

けれども、私たちがどう抗ってもできないのがタイムスリップ。過去に戻ってやり直すことはできません。

だからこそ、そういった過去の悔しさや失敗を今にどう活かすのかを考え、**未来を創る生き方をするのが「賢さ」**ではないかと思います。

これからの生き方で示すしかない。私はいつも自分にそう言い聞かせています。

アスリートの本質は、**「成長人間」**。

「もっと！　もっと！」とさらなる高みを目指し、どこまでも成長を追い求める飽くなき向上心を、アスリート人材は持っていると私は信じます。

アスリート人材のみなさんは、ぜひ本書のメッセージを繰り返し思い出し、「アスリートの突破力」を発揮してください。眠っているその素晴らしい能力を呼び覚まし、仕事でも活かしてもらいたいと思います。

アスリート人材を取りまくさまざまな課題は、一朝一夕で解決できるものではありません。しかしそれでも、それぞれの企業がアスリート人材を理解するところからスタートし、腰を据えて彼ら彼女らのサポートを続けていくことで、未来は必ず変わると思います。

本書が少しでもみなさんのお役に立つことを、著者として心から願っています。

2025年2月　松本 隆宏

著者略歴

松本隆宏（まつもと・たかひろ）

ライフマネジメント株式会社代表取締役

1976年、神奈川県相模原市生まれ。高校時代は日大三高の主力選手として甲子園に出場し、東京六大学野球に憧れて法政大学へ進学。大学卒業後、住宅業界を経て起業。「地主の参謀」として資産防衛コンサルティングに従事し、数々の実績を生み出している。当時最年少ながらコンサルタント名鑑「日本の専門コンサルタント50」で紹介されるなど、プロが認める業界注目のコンサルタント。そのほか講師、作家、ラジオパーソナリティとしても活躍中。

「地主の参謀」ホームページ

著作

『地主の参謀－金融機関では教えてくれない資産の守り方－』
『アスリート人材』
『地主の決断－これからの時代を生き抜く実践知－』
『地主の真実－これからの時代を生き抜く実践知－』
『プロたちのターニングポイント』
『アスリート人材の底力－折れない自分のつくり方－』
『The参謀－歴史に学ぶ起業家のための経営術－』
『地主の経営－これからの時代を生き抜く実践知－』

ラジオ大阪OBC（FM91.9 AM1314）にて、
毎週水曜日19：45～20：00に
「松本隆宏の参謀チャンネル®」を放送中。

装丁・本文デザイン：熊谷有紗（Othello）
編集協力：ブランクエスト

アスリート人材の突破力

2025年3月10日　初　版　第1刷　発行

著　者　松本 隆宏
発行者　安田 喜根
発行所　株式会社 マネジメント社
東京都千代田区神田小川町 2 - 3 - 13
M&C ビル 3 F（〒 101 - 0052）
TEL 03 - 5280 - 2530（代表）FAX 03 - 5280 - 2533
https://mgt-pb.co.jp
印　刷　中央精版印刷 株式会社

ISBN978-4-8378-0525-0 C0034